JN001034

みんなの日本語初級Iレベル

ゲンバの日本語

基礎編

働く外国人のための
日本語コミュニケーション

一般財団法人海外産業人材育成協会　著

スリーエーネットワーク

©2021 by The Association for Overseas Technical Cooperation and Sustainable Partnerships (AOTS)

All rights reserved. No part of this publication may be reproduced, stored in a retrieval system, or transmitted in any form or by any means, electronic, mechanical, photocopying, recording, or otherwise, without the prior written permission of the Publisher.

Published by 3A Corporation.
Trusty Kojimachi Bldg., 2F, 4, Kojimachi 3-Chome, Chiyoda-ku, Tokyo 102-0083, Japan

ISBN978-4-88319-875-7 C0081

First published 2021
Printed in Japan

はじめに

　一般財団法人海外産業人材育成協会（The Association for Overseas Technical Cooperation and Sustainable Partnerships, 略称 AOTS）は、1959 年の設立以来、主に開発途上国をはじめとする海外の技術者を研修生として日本に受け入れ、半世紀以上に亘り、民間企業の技術移転とそれを円滑にする産業人材向けの日本語教育に注力してきました。また、近年では外国人の看護師・介護福祉士候補者、技能実習生、外国人駐在員、外国人新入社員などを対象とした多様な日本語教育事業を展開し、2019 年の改正出入国管理法の施行以降も国内外でさらに高まる日本語教育ニーズに対応する取り組みを続けています。その中で、研修現場や就労現場ですぐに使える日本語に対する要望・期待が高まっていることを日々感じてきました。そして、この様々な「現場（ゲンバ）の日本語」へのニーズに対し、AOTS がこれまで培ってきた人材育成の経験を広く還元することは私たちの使命であるとの考えに至りました。

　AOTS の技術研修生の日本語学習の目的が、受入企業での技術習得のためであるのと同じように、多くの産業人材は現場（ゲンバ）で働くという明確な目的があり、その目的を達成するために日本語を必要としています。「即戦力として」活躍することが求められる産業人材は、現場（ゲンバ）で必要な日本語を「短期間で」「効率的に」習得しなければなりません。そのためには、現場（ゲンバ）に必要な言語活動を想定し、必要な語彙・表現を効率的に学ぶ必要があります。そこで、私たちは、初級総合日本語学習を補完する産業人材向けの教材を作成することにしました。

　本教材は、産業人材が遭遇するであろう場面を設定し、「その場面での言語活動が達成できるようにする」「日本企業での適応能力を育む」というコンセプトのもと作成しています。CEFR の行動中心主義を教材開発の理念として採用しつつ、『みんなの日本語』などの初級総合教科書を使用する教育機関でも取り入れやすくするため、3 段階のレベルを設定しました。使用文型は、基本的に『みんなの日本語』の学習文型に準拠していますが、産業人材に必要な語彙・表現を積極的に取り入れることで、すぐに使える現場（ゲンバ）の日本語の習得を目指しています。また、実際に産業人材が直面するリアリティのある言語活動を通して、単なる言語形式の練習にとどまらず、日本企業での慣習に対する理解も促します。

　本教材が、「日々の業務にすぐに役立つことを勉強したい」と望む日本語学習者の皆様、「日々の業務に役立つことを教えたいが、どうしたらいいかわからない」と悩む日本語教師の皆様に役立つことを期待し、延いては外国人受入企業や日本社会の円滑な多文化受容に寄与することを願っています。

2021 年 3 月　一般財団法人海外産業人材育成協会

本教材をお使いになる方へ

・本教材の目指すもの

　本教材は、「ルールやマナーを聞く」「使い方について質問する」といった、実際に産業人材が遭遇する場面や状況を設定し、その場面・状況における言語活動が達成できるようになることを目的としています。また、設定された場面やタスクに対して、「なぜ」「どうして」という疑問点を学習者自身にも考えてもらうことによって、日本の企業文化に対する理解を深めることも目指しています。

・シリーズ構成

　本教材は、『みんなの日本語初級』に準拠し、基礎編（レベル1、2）と応用編（レベル3）に分かれています。基礎編は各ユニットの中でレベル1とレベル2に分かれていますので、予めどちらのレベルが学習者に合ったものなのか、確認してください。

シリーズ	レベル	対象レベル	ユニット数
基礎編	レベル1	『みんなの日本語初級I』13課終了レベル	10
	レベル2	『みんなの日本語初級I』25課終了レベル	
応用編	レベル3	『みんなの日本語初級II』48課終了レベル	15

※基礎編10ユニットのテーマとなる言語活動は、応用編と重なりますが、難易度が異なります。

・各ユニットの流れ（進め方）

　本教材は、理解から産出へと促すために、【調べるタスク】、【聞くタスク】、【話すタスク】の順番にユニットが並んでいますが、どのユニットから始めても良いようになっています。学習者の興味や状況に合わせて、使用ユニットを選んでください。

　ユニットの基本的な流れは以下のとおりです。各ユニットの詳しい進め方は、教師用手引きをご覧ください。

①【話題・場面／タスクの目標】

　ユニットのテーマとなっている言語活動やその場面について理解し、「何ができるようになるか」という目標を確認します。

②【ウォーミングアップ】

　【メインタスク】に入る前の準備をします。ここで、【メインタスク】に対するモチベーションを高めます。

③【メインタスク】

　【メインタスク】には、【調べるタスク】、【聞くタスク】、【話すタスク】があり、ユニットのテーマとなっている言語活動によってタスクが異なります。①で確認したタスクの目標が達成できるように、各言語活動に即した内容で練習をします。

　使用文型は基本的にレベル1～3のそれぞれの段階に応じたものが使われていますが、言語活動によっては未習の文型が含まれます。未習の文型は表現と見なし、語彙リスト（https://www.3anet.co.jp/np/books/4230/）に掲載していますので、参照してください。

【聞くタスク】における未習文型（理解することが重要な文型）
　　例1：ユニット2（レベル1）「食堂の人にチケットを見せてください。」
　　　　→語彙リストは「見せてください」で掲載
【話すタスク】における未習文型（運用することが重要な文型）
　　例1：ユニット10（レベル1）「電車の遅延で、10分ぐらい遅刻します。」
　　例2：ユニット11（レベル3）「部品の発注ミスがあったみたいです。」
　　　　→語彙リストは「～で」「～みたいです」で掲載

※本教材では、テーマとなっている言語活動を達成すること、現実に近い場面を疑似体験することを重視しています。ユニットごとに【メインタスク】の練習形態やプロセスが異なる点にご注意ください。

④【会話練習】

　【聞くタスク】のユニットでは、【会話練習】によって理解語彙を使用語彙に高めます。【話すタスク】のユニットでは、【会話練習】で、より平易な表現での練習をし、会話の流れを身につけます。あるいは、【話すタスク】には出てこない表現で練習をし、表現に広がりを持たせます。

⑤【便利な表現】

　テーマとなっている言語活動に関連した語彙や表現を、例文を使って覚えます。

・表記と翻訳

　表記は『みんなの日本語初級』に準拠し、原則として常用漢字（1981年内閣告示）を用いていますが、研修現場や就労現場でよく使われる言葉（例：整理整頓）は、一部漢字に改めました。漢字にはすべてふりがなを振っています。

　レベル1は、日本語学習期間の短い学習者を想定しているため、ひらがな・カタカナが読めない可能性を考慮し、ローマ字を併記しています。

　また、各ユニットのタイトル、話題・場面、タスクの目標は、学習者に正確に理解してもらうため、翻訳（英語、中国語、ベトナム語、タイ語、インドネシア語）を併記しています。

・マークについて

🔊	音声のファイル番号を表示
▶	動画のファイル番号を表示
レベル1	ウォーミングアップ、タスク、会話練習、便利な表現のレベルを表示

・学習時間

　1ユニット当たりの学習時間は50分程度を想定しています。『みんなの日本語初級』を主教材として使用しているクラスで、スケジュールに応じて、フレキシブルに取り入れることができます。

①	【話題・場面／タスクの目標】		5〜10分
②	【ウォーミングアップ】		
③	【メインタスク】	【調べるタスク】 【聞くタスク】 【話すタスク】	30〜40分
④	【会話練習】		5〜10分
⑤	【便利な表現】		

・補助教材

　以下の補助教材を https://www.3anet.co.jp/np/books/4230/ で公開しています。ダウンロードしてご活用ください。

　語彙リスト（読み方と英語、中国語、ベトナム語、タイ語、インドネシア語の翻訳付き）

　　レベル１　『みんなの日本語初級Ⅰ』第13課までで未習の語彙、表現、文型を取り上げています。

　　レベル２　『みんなの日本語初級Ⅰ』で未習の語彙、表現、文型を取り上げています。

　音声と動画

　　音声と動画のユニットごとの対応は以下のようになります。

　　【聞くタスク】の動画…ユニット２、５

　　【聞くタスク】の音声…ユニット３、４

　　【話すタスク】の動画…ユニット６、８、１０

　　【話すタスク】の音声…ユニット７、９

　教師用手引き

　　教師用手引きでは、ユニットごとに、ユニットの概要、具体的な進め方、指導上の留意点を説明しています。

学習項目一覧（基礎編）

ユニット	話題・場面	タスクの目標	日本の企業文化理解	タスクの技能
1　標示の意味を調べる	職場でよく目にする標示を確認する	職場における標示の意味や漢字の読み方を様々な手段で調べ、理解することができる	わからないことを自発的に学ぶ	調べる
2　ルールやマナーの説明を聞く	研修初日に社内のルールや基本的なマナーについて説明を受ける	注意事項やルールの説明を聞いて、理解することができる	職場のルールを理解する	聞く
3　災害時のアナウンスを聞く	災害時のアナウンスを聞く	災害発生を知らせるアナウンスから必要な情報を聞き取ることができる	災害時に自分の身を守る	聞く

＊「主要な文型、主要な表現」の課表示はその文型、表現が『みんなの日本語』のどの課で扱われているかを表しますが、意味機能が完全に一致しない場合も便宜的に載せています。
＊網掛けはそのレベル外のものです。

レベル	主要な文型	主要な表現
1	〈場所・物・人〉はあそこ／あちら（です）（3課） 〜語で何ですか（7課） 〜から（理由）（9課）	
2	〜てください（14課） 〜てはいけません（15課） 〜ないでください（17課）	あの漢字の読み方を教えてください 意味は何ですか
1	〜は何ですか（2課） 〜はどこですか（3課） 〜は〜から〜までです（4課） 〜ましょう（6課） どこで〜ますか／〜で〜ます（6課）	じゃ（3課） それから（6課） 〜てください（14課） 〜までに（17課）
2	どこで〜ますか（6課） 〜が（8課） 〜から（理由）（9課） 〜てください（14課） 〜てもいいですか（15課） 〜てから（16課） 〜ないでください（17課）	じゃ（3課） それから（6課） 〜よね
1	〈場所〉へ行きます／帰ります（5課） 〜を〜ます（6課） 〜ましょう（6課） 〜があります（9・10課） 〜から（理由）（9課）	避難してください 逃げてください 階段を使ってください エレベーターは使わないでください 海や川の近くに行かないでください
2	〜から（理由）（9課） 〜てください（14課） 〜てから（16課） 〜ないでください（17課） 〜く／になります（19課） 連体修飾節（22課） 〜とき（23課）	早くうちへ帰ってください 〜に気をつけてください 階段を使ってください 避難してください （火を）消してください 煙を吸わないでください エレベーターは使わないでください 海や川に近寄らないでください

ユニット	話題・場面	タスクの目標	日本の企業文化理解	タスクの技能
4 工場見学の説明を聞く	指導員に実習する工場を案内してもらい、説明を受ける	見学先の説明を聞きながら、全体の工程と必要な情報が理解できる	予め目的を持って説明を受ける	聞く
5 予定や指示を聞く	朝礼でその日の予定や指示を聞く	同じ部署の人の予定や指導員・上司の指示を聞いて理解できる	他者と連携して仕事をする	聞く
6 予定を共有する	朝礼でその日の予定を共有する	朝礼で自分の行動予定をチームのメンバー（同僚）と共有することができる	業務計画を立てて仕事を進める	話す

レベル	主要な文型	主要な表現
1	～ましょう（6課） ～のほうが（12課） 形容詞過去形（12課）	そうですか（2課） ～ね（4課） そうですね（5課） それから（6課） ～台（11課） ～人（11課） では（22課） ～よね
2	～から（理由）（9課） ～のほうが（12課） ～ています（15課） ～て（16課） ～てから（16課） ～ことです（18課）	そうですか（2課） ～ね（4課） ～台（11課） ～人（11課） すごいですね（16課） なるほど
1	～から～まで（4課） それから（6課） ～はどうですか（8課） ～から（理由）（9課）	じゃ（3課） ～てください（14課） ～までに（17課）
2	もう～ましたか／まだです（7課） ～てください（14課） ～てから（16課） ～までに（17課） ～く／になります（19課） ～と（引用）（21課） ～たいと思います 　（～たいです13課＋～と思います21課） ～てあげます（24課）	じゃ（3課） それから（6課） まず（16課） では（22課）
1		それから（6課） 午前は～／午後は～ きのう／きょう／あした 以上です（45課）
2	～から（理由）（9課） ～て（16課） ～てから（16課） ～までに（17課） ～たいと思います 　（～たいです13課＋～と思います21課）	午前は～／午後は～ きのう／きょう／あした 以上です（45課）

ユニット	話題・場面	タスクの目標	日本の企業文化理解	タスクの技能
7 予定を確認する	研修の予定について担当者に確認する	わからないことを質問したり、聞いた内容を確認したりすることができる	効率や正確さが重視される現場で、不確かな情報をその場ですぐに確認する	話す
8 使い方について質問する	質問して、わからないことを解決する	自分の質問の意図を明確に伝えたり、わからないことをもう一度質問したりすることができる	わからないことを放置しないようにする	話す
9 体調不良を伝える	担当者に体調不良やけがの様子を伝える	体調不良やけがの様子を伝えることができる	体調不良やけがを迅速に報告することで、職場や業務への影響を最小限にする	話す
10 遅刻の連絡をする	出勤時、交通機関の遅延による遅刻を電話で連絡する	指導員や上司に遅刻の連絡をすることができる	遅刻の際は連絡が必要なことを理解する	話す

レベル	主要な文型	主要な表現
1	Yes-No 疑問文／ Wh 疑問文 〈時間〉から（4 課） 〈場所〉で〜ます（6 課）	あのう、すみません。 〜ね（4 課） わかりました ちょっとＮが……
2	Yes-No 疑問文／ Wh 疑問文 〜が（14 課）　〜てください（14 課） 〜てもいいですか（15 課） 〜について（21 課）	あのう、すみません。 〜ね（4 課） わかりました ちょっとＮが……
1	〜で〜ます（7 課） 〜がわかります（9 課） 〜から（理由）（9 課） 〜たいです（13 課）	覚えたいですから いいですか あのう（2 課） どうやって（16 課） これですか
2	〜から（理由）（9 課） 〜たいです（13 課） 〜てください（14 課）　〜方（14 課） 〜てもいいですか（15 課） 〜く／になります（19 課） 〜と（23 課）　〜とき（23 課）	覚えたいですから あのう（2 課） どうやって（16 課） 〜じゃなくて これですか
1	〈時間〉から（4 課） もう〜ましたか／まだです（7 課） どうして〜か（9 課）　〜から（理由）（9 課） 〜があります（9 課）	あのう（2 課） 実は（28 課）
2	〈期間〉に〜回（11 課） 〜てもいいですか／よ（15 課） 〜てから（16 課）　〜くて／〜で（16 課） 〜なくてもいいです（17 課） 〜なければなりません（17 課） 〜まえに（18 課）	あのう（2 課） どうしましたか（17 課） 実は（28 課） 薬がなくて……（39 課）
1	〜があります（9 課） 〜から（理由）（9 課） 〈期間〉〜分、〜時間、〜週間など（11 課）	〜が（14 課） 〜で（理由）（39 課）
2	〜ています（15 課） 〜てもいいですか（15 課） 〜ことができます（18 課） 〜と言います（21 課） 〜と思います（21 課）	〜が（14 課）

システムトーキョー　　　　　　オーサカ自動車

サリ　　山下　　森田　　鈴木　　斉藤　　ナム

目次

はじめに

ユニット 1 標示の意味を調べる

<small>ひょうじ</small> <small>いみ</small> <small>しら</small>

Investigating the meaning of signs
调查标示的含义
Tra cứu ý nghĩa của các biển báo
การค้นหาความหมายของคำศัพท์บนป้ายแสดง
Memeriksa arti tanda

話題・場面 <small>わだい　ばめん</small> Subject, situation 话题・场合 Chủ đề - Tình huống เรื่อง/สถานการณ์ Topik dan Situasi	職場でよく目にする標示を確認する <small>しょくば　　　め　　　　ひょうじ　　かくにん</small> Checking signs often seen in the workplace 确认在现场经常看到的标示 Xác nhận các biển báo thường thấy tại nơi làm việc ตรวจดูป้ายแสดงที่พบเห็นบ่อยในสถานที่ปฏิบัติงาน Memastikan tanda-tanda yang sering terlihat di tempat kerja
タスクの目標 <small>もくひょう</small> Task objectives 任务的目标 Mục tiêu của bài tập เป้าหมายของการฝึกหัด Tujuan Tugas	職場における標示の意味や漢字の読み方を様々な手段で調べ、 <small>しょくば　　　　　　ひょうじ　いみ　　かんじ　　よ　　かた　　さまざま　しゅだん　しら</small> 理解することができる <small>りかい</small> To be able to investigate the meanings of signs in the workplace and readings of kanji through various means, and to understand them　采用各种方法调查现场标示的含义和汉字的读法，并能够理解 Có thể hiểu được sau khi tra cứu ý nghĩa cũng như cách đọc Kanji của các biển báo ở nơi làm việc bằng nhiều phương thức khác nhau.　สามารถค้นหาความหมายหรือวิธีอ่านอักษรคันจิบนป้ายแสดงที่พบเห็นในสถานที่ปฏิบัติงาน และสามารถทำความเข้าใจความหมาย โดยการใช้วิธีต่าง ๆ ได้　Dapat memeriksa arti tanda dan cara membaca huruf kanji di tempat kerja dengan berbagai cara, dan memahaminya

 ## ウォーミングアップ

レベル1　レベル2

あなたはきょう初めて研修をする会社へ来ました。あなたは「じむしょ」へ行きたい
<small>はじ　　けんしゅう　　　　かいしゃ　き</small>　　　　　　　　　　　　　　　　　　<small>い</small>
です。どうしますか。

3F　作業場
2F　事務所
1F　倉庫

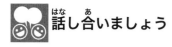

調べるタスク1

レベル1 レベル2

ウォーミングアップの「作業場、事務所、倉庫」の読み方と意味を翻訳アプリで調べましょう。

話し合いましょう

レベル1 レベル2

いつもどんな方法でことばを調べますか。グループで話しましょう。

調べるタスク2

レベル1 レベル2

「話し合いましょう」で聞いた方法で①〜⑤のことばの読み方と意味を調べましょう。

例	しようちゅう in use occupied	① 作業中	
使用中			
② **応 接 室**		③ **休 憩 室**	
④ 左右確認		⑤ 従業員用 出入口	

2

会話練習 _{かい わ れんしゅう}

レベル1

1. 漢字の意味を聞く _{かん じ} _{い み} _き

➡【～語で何ですか】（7課） _ご _{なん}

A：すみません。ちょっといいですか。
　　Sumimasen.　　Chotto ii desu ka.

1）①入口

B：はい、何ですか。 _{なん}
　　Hai,　　nan desu ka.

② entrance

A：[①禁煙] この漢字の意味がわかりません。 _{かん じ} _{い み}
　　　　　　　 Kono kanji no imi ga wakarimasen.

2）①出口

　　英語で何ですか。 _{えい ご} _{なん}
　　Eigo de nan desu ka.

② exit

B：② "No smoking" です。
　　② "No smoking" desu.

A：わかりました。ありがとうございました。
　　Wakarimashita.　　Arigatō gozaimashita.

レベル2

1. 漢字の読み方と意味を聞く _{かん じ} _よ _{かた} _{い み} _き

➡【～てはいけません】（15課）

A：すみません。ちょっといいですか。

1）①禁煙

B：はい、何ですか。 _{なん}

②きんえん

A：[①立入禁止]

③たばこを吸っては _す

　　あの漢字の読み方を教えてください。 _{かん じ} _よ _{かた} _{おし}

　　いけません

B：「②たちいりきんし」ですよ。

2）①駐車禁止

A：意味は何ですか。 _{い み} _{なん}

②ちゅうしゃきんし

B：「③中に入ってはいけません。」です。 _{なか} _{はい}

③車を止めてはいけません _{くるま} _と

A：わかりました。ありがとうございました。

便利な表現

1.【〈場所・物・人〉はあそこ／あちら（です）】（3課）

・非常口はあそこです。
　Hijōguchi wa asoko desu.

・食堂は、禁煙です。たばこは、あちらでお願いします。
　Shokudō wa, kin'en desu.　Tabako wa,　achira de onegai-shimasu.

2.【〜から（理由）】（9課）

・ここは禁煙ですから、外でお願いします。
　Koko wa kin'en desu kara,　soto de onegai-shimasu.

・ここは車が多いですから、注意しましょう。
　Koko wa kuruma ga ōi desu kara,　chūi-shimashō.

・ここは危険ですから、たばこは禁止です。
　Koko wa kiken desu kara,　tabako wa kinshi desu.

・日本語のクラスですから、英語は禁止です。
　Nihon-go no kurasu desu kara,　Eigo wa kinshi desu.

レベル2

1.【〜てください】（14課）

・ここは危険ですから、足元に注意してください。
・この部屋は今使用中ですから、あちらの部屋を使ってください。
・1階のトイレは、使用禁止です。すみませんが、2階のトイレを使ってください。

2.【〜ないでください】（17課）

・今作業中ですから、ここに入らないでください。
・工場の中は、ケータイ禁止ですから、ケータイは中へ持って行かないでください。
・使用禁止のサインがありますね。ですからこれは使わないでください。

ユニット 2 ルールやマナーの 説明（せつめい）を聞（き）く

Listening to explanations of rules and etiquette
听规则和礼仪的说明
Nghe giải thích về các quy tắc và cách ứng xử
การฟังคำอธิบายเกี่ยวกับกฎระเบียบและมารยาท
Mendengarkan penjelasan tentang aturan dan tata krama

話題（わだい）・場面（ばめん） Subject, situation 话题・场合 Chủ đề - Tình huống เรื่อง/สถานการณ์ Topik dan Situasi	研修（けんしゅう）初日（しょにち）に社内（しゃない）のルールや基本的（きほんてき）なマナーについて説明（せつめい）を受（う）ける Receiving an explanation of internal rules and basic etiquette on the first day of training 在培训的第一天接受公司内部规则和基本礼仪的说明 Được giải thích về các quy tắc và cách ứng xử cơ bản trong công ty vào ngày đầu thực tập ฟังการอธิบายเกี่ยวกับกฎระเบียบและมารยาทขั้นพื้นฐานของบริษัทในวันแรกของการฝึกอบรม Menerima penjelasan tentang aturan di dalam perusahaan dan tata krama dasar di hari pertama pelatihan
タスクの目標（もくひょう） Task objectives 任务的目标 Mục tiêu của bài tập เป้าหมายของการฝึกหัด Tujuan Tugas	注意事項（ちゅういじこう）やルールの説明（せつめい）を聞（き）いて、理解（りかい）することができる To be able to listen to and understand explanations of important points and rules 听注意事项和规则的说明，并能够理解 Có thể hiểu được khi nghe giải thích về các mục cần chú ý và quy tắc. สามารถฟังการอธิบายข้อควรระวังหรือกฎระเบียบแล้วทำความเข้าใจได้ Dapat mendengarkan penjelasan tentang aturan dan hal-hal yang harus diperhatikan dan dapat memahaminya

 ## ウォーミングアップ

レベル１　レベル２

あなたは、きょう初（はじ）めて研修先（けんしゅうさき）の企業（きぎょう）に来（き）ました。これから研修担当者（けんしゅうたんとうしゃ）が社内（しゃない）の説明（せつめい）をします。何（なに）に気（き）をつけて説明（せつめい）を聞（き）きますか。

😊))) **聞くタスク1**

鈴木さんがナムさんに話します。動画を見ましょう。それから、会社のルールやマナーを書きましょう。 レベル1 ▶01 レベル2 ▶06

1. ロッカールームで Rokkā-rūmu de　 レベル1 ▶02 レベル2 ▶07

2. 工場で Kōjō de　 レベル1 ▶03 レベル2 ▶08

3. 食堂で Shokudō de　 レベル1 ▶04 レベル2 ▶09

4. 工場で Kōjō de　 レベル1 ▶05 レベル2 ▶10

6

聞くタスク２

レベル１

もう一度、動画を見ましょう。鈴木さんの説明と合っているものに○、合っていないものに×を書きましょう。▶01

1．ロッカールームで Rokkā-rūmu de ▶02

① ( )

② ( )

③ ( )

2．工場で Kōjō de ▶03

① ( )

② ( )

③ ( )

3．食堂で Shokudō de ▶04

① ( )

② ( )

③ ( )

4．工場で Kōjō de ▶05

① ( )

② 日報 Nippō ( )

③ 休みます。Yasumimasu. ( )

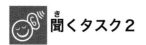 聞くタスク2

レベル2

もう一度、動画を見ましょう。▶06

1. ロッカールームで鈴木さんがナムさんに説明をしています。大切なこと（注意や
ルール）は何ですか。▶07

- （①　　　　　　　　　　　）までに工場へ来る
- 時間（②　　　　　　　　　）
- ケータイやお金は（③　　　　　　　　）に入れる→（④　　　　　　　）を忘れない

2. 工場で鈴木さんがナムさんに説明をしています。大切なこと（注意やルール）
は何ですか。▶08

- 工場ではたばこを（①　　　　　　　　　　　）
- たばこは（②　　　　　　　　　）で吸う
- 工場では（③　　　　　　　　　）を見ない
- 大きい機械に（④　　　　　　　　）
- 工場では安全（⑤　　　　　　　　）

3. 食堂で鈴木さんがナムさんに説明をしています。▶09
① 食堂の料理を食べたいときは、どうしたらいいですか。

----

② 食堂で勉強してもいいですか。

----

4. 工場で鈴木さんがナムさんに説明をしています。大切なこと（注意やルール）
は何ですか。▶10

- 工具は（①　　　　　　　　　）から、帰る
- 工場では（②　　　　　　　　）が大切
- 事務所で（③　　　　　　　）を書く
- 朝礼に（④　　　　　　　　）
- 休みや遅刻のときは（⑤　　　　　　　　）に（⑥　　　　　　　）時までに電話する

なんかいわれんしゅう**会話練習**

レベル1

1. わからないことばを聞き返す　　　　　　　　　➡【<ruby>何<rt>なん</rt></ruby>ですか】（2課）

A：ここは①<ruby>喫煙所<rt>きつえんじょ</rt></ruby>です。
　　Koko wa ① kitsuenjo desu.

B：え……<ruby>何<rt>なん</rt></ruby>ですか。
　　E…　　nan desu ka.

A：「①きつえんじょ」です。
　　"① Kitsuenjo" desu.

　　ここで②たばこを<ruby>吸<rt>す</rt></ruby>います。
　　Koko de ② tabako o suimasu.

1）①<ruby>食堂<rt>しょくどう</rt></ruby>
　　shokudō

　　②ごはんを<ruby>食<rt>た</rt></ruby>べます
　　gohan o tabemasu

2）①<ruby>会議室<rt>かいぎしつ</rt></ruby>
　　kaigishitsu

　　②<ruby>会議<rt>かいぎ</rt></ruby>をします
　　kaigi o shimasu

2. <ruby>場所<rt>ばしょ</rt></ruby>を<ruby>尋<rt>たず</rt></ruby>ねる　　　　　　　　　➡【どこで～ますか】（6課）

A：すみません。どこで①<ruby>日報<rt>にっぽう</rt></ruby>を<ruby>書<rt>か</rt></ruby>きますか。
　　Sumimasen.　　Doko de ① nippō o kakimasu ka.

B：②<ruby>事務所<rt>じむしょ</rt></ruby>で①<ruby>書<rt>か</rt></ruby>きます。
　　② Jimusho de ① kakimasu.

A：②<ruby>事務所<rt>じむしょ</rt></ruby>はどこですか。
　　② Jimusho wa doko desu ka.

B：あそこですよ。
　　Asoko desu yo.

A：ありがとうございます。
　　Arigatō gozaimasu.

1）①<ruby>会議<rt>かいぎ</rt></ruby>をします
　　kaigi o shimasu

　　②<ruby>会議室<rt>かいぎしつ</rt></ruby>
　　kaigishitsu

2）①<ruby>朝礼<rt>ちょうれい</rt></ruby>をします
　　chōrei o shimasu

　　②<ruby>工場<rt>こうじょう</rt></ruby>
　　kōjō

会話練習

レベル2

1. 場所を尋ねる　　　　　　　　　➡【どこで〜ますか】（6課）【〜てください】（14課）

A：すみません。どこで着替えますか。　　1）コピーします

B：あ、あそこで着替えてください。　　　2）この作業をします

A：わかりました。ありがとうございます。　3）機械を操作します

2. 許可を取る　　　　　　　　　　　➡【〜てもいいですか】（15課）

A：ここで①たばこを吸ってもいいですか。　1）①日報を書きます
　　　　　　　　　　　　　　　　　　　　　　②事務所

B：いいえ、いけません。　　　　　　　　2）①不良品を管理します
　　②外で①吸ってください。　　　　　　　　②隣の倉庫

A：わかりました。　　　　　　　　　　　3）①仕様書をコピーします
　　　　　　　　　　　　　　　　　　　　　　②事務所

便利な表現

レベル1

1.【〜はどこですか】（3課）

- ロッカールームはどこですか。
  Rokkā-rūmu wa doko desu ka.

- 第二食堂はどこですか。
  Daini-shokudō wa doko desu ka.

- 事務所はどこですか。
  Jimusho wa doko desu ka.

2.【〜は〜から〜までです】（4課）

- 研修は9時から5時までです。
  Kenshū wa 9-ji kara 5-ji made desu.

- 打ち合わせは午後1時から午後2時までです。
  Uchiawase wa gogo 1-ji kara gogo 2-ji made desu.

- きょうの作業は9時半から11時半までです。
  Kyō no sagyō wa 9-ji han kara 11-ji han made desu.

3.【どこで〜ますか／〜で〜ます】（6課）

- どこでたばこを吸いますか。…喫煙所で吸います。
  Doko de tabako o suimasu ka. …Kitsuenjo de suimasu.

- どこで日報を書きますか。…事務所で書きます。
  Doko de nippō o kakimasu ka. …Jimusho de kakimasu.

- どこで昼ごはんを食べますか。…わたしは事務所で食べます。
  Doko de hirugohan o tabemasu ka. …Watashi wa jimusho de tabemasu.

1.【〜てください】（14課）
- 在庫を確認してください。
- 作業のしかたを覚えてください。
- マニュアルを読んでください。

2.【〜てもいいですか】（15課）
- ここでたばこを吸ってもいいですか。
- あの機械を操作してもいいですか。
- ロッカーにケータイやお金を入れてもいいですか。
- 食堂で日本語を勉強してもいいですか。

3.【〜てから】（16課）
- 毎朝朝礼をしてから、作業を始めます。
- マニュアルを見てから、機械を操作します。
- 在庫を確認してから、お客様に電話します。

4.【〜ないでください】（17課）
- ここでたばこを吸わないでください。
- この機械に触らないでください。
- 不良品を箱に入れないでください。

ユニット3	災害時のアナウンスを聞く	Listening to disaster announcements 听灾害时的广播 Nghe thông báo khi có thảm họa การฟังประกาศเมื่อเกิดภัยพิบัติ Mendengarkan pengumuman pada saat bencana

話題・場面 Subject, situation 话题・场合 Chủ đề - Tình huống เรื่อง/สถานการณ์ Topik dan Situasi	災害時のアナウンスを聞く Listening to disaster announcements 听灾害时的广播 Nghe thông báo khi có thảm họa ฟังประกาศเมื่อเกิดภัยพิบัติ Mendengarkan pengumuman pada saat bencana
タスクの目標 Task objectives 任务的目标 Mục tiêu của bài tập เป้าหมายของการฝึกหัด Tujuan Tugas	災害発生を知らせるアナウンスから必要な情報を聞き取ることができる To be able to understand necessary information in announcements of disasters 可从通知灾害发生的广播听取必要的信息 Có thể nghe và nắm được những thông tin cần thiết từ thông báo cho biết thảm họa xảy ra. สามารถฟังข้อมูลที่จำเป็นจากการประกาศแจ้งเหตุภัยพิบัติและทำความเข้าใจได้ Dapat menangkap informasi yang diperlukan dari pengumuman yang menginformasikan terjadinya bencana

 ウォーミングアップ

レベル1 レベル2

1. 日本語で何ですか。

① (　　　　　　　)

② (　　　　　　　)

③ (　　　　　　　)

④ (　　　　　　　)

⑤ (　　　　　　　)

⑥ (　　　　　　　)

ウォーミングアップ

レベル1 レベル2

2. 何_{なに}をしますか。

①

②

③

鼻_{はな}と口_{くち}をタオルで押_おさえます

Hana to kuchi o taoru de osaemasu

雨戸_{あまど}を閉_しめます

Amado o shimemasu

机_{つくえ}の下_{した}に入_{はい}ります

Tsukue no shita ni hairimasu

📢 聞_きくタスク1

レベル1 レベル2

仕事_{しごと}のとき、急_{きゅう}にアナウンスが聞_きこえました。このアナウンスは何_{なん}のお知_しらせですか。
a～fから選_{えら}んで、(）に書_かきましょう。

a. 津波_{つなみ}	b. 火事_{かじ}	c. 洪水_{こうずい}	d. 地震_{じしん}	e. 台風_{たいふう}	f. 大雨_{おおあめ}
tsunami	kaji	kōzui	jishin	taifū	ōame

🔊01 ① (）

🔊02 ② (）

🔊03 ③ (）

3

🔊 聞_きくタスク2

[レベル1]

1. 仕事_{しごと}のとき、急_{きゅう}にアナウンスが聞_きこえました。このアナウンスは何_{なん}のお知_しらせですか。a〜fから選_{えら}んで、（　　　　）に書_かきましょう。

a. 津波_{つなみ}	b. 火事_{かじ}	c. 洪水_{こうずい}	d. 地震_{じしん}	e. 台風_{たいふう}	f. 大雨_{おおあめ}
tsunami	kaji	kōzui	jishin	taifū	ōame

🔊04　①（　　　　　　　　　）

🔊05　②（　　　　　　　　　）

🔊06　③（　　　　　　　　　）

2. もう一度_{いちど}聞_ききましょう。何_{なに}をしますか。a〜eから選_{えら}んで、（　　　　）に書_かきましょう。

a. 海_{うみ}や川_{かわ}へ行_いきます

Umi ya kawa e ikimasu

b. 安全_{あんぜん}な場所_{ばしょ}へ逃_にげます

Anzenna basho e nigemasu

c. 高_{たか}い所_{ところ}へ避難_{ひなん}します

Takai tokoro e hinan-shimasu

d. 階段_{かいだん}を使_{つか}います

Kaidan o tsukaimasu

e. エレベーターで外_{そと}へ行_いきます

Erebētā de soto e ikimasu

🔊04　①（　　　　　　　　　）

🔊05　②（　　　　　　　　　）

🔊06　③（　　　　　　　　　）

レベル2

1. 仕事のとき、急にアナウンスが聞こえてきました。このアナウンスは何のお知らせですか。□□□から選んで、（　　　）に書きましょう。

津波	火事	洪水	地震	台風	大雨

🔊07　1）（　　　　　　　　　　）　　🔊08　2）（　　　　　　　　　　　　）

2. アナウンスを聞いた人は何をしなければなりませんか。（　　　）にことばを書きましょう。

1）電車で帰る人は（①　　　　　　　　　　　　）なければなりません。

（②　　　　　　　　　　）を切らなければなりません。

帰るとき、（③　　　　　　　　　　　　）に気をつけなければなりません。

2）（①　　　　　　　　　　）から建物の外へ出なければなりません。

（②　　　　　　　　　　）を使わなければなりません。

タオルか服で（③　　　　　　　　　　）を押さえなければなりません。

（④　　　　　　　　　　）外へ出なければなりません。

3. 仕事のとき、急にアナウンスが聞こえてきました。このアナウンスは何のお知らせですか。□□□から選んで、（　　　）に書きましょう。

津波	火事	洪水	地震	台風	大雨

🔊09　1）（　　　　　　　　　　）　　🔊10　2）（　　　　　　　　　　　　）

4. アナウンスを聞いた人は何をしなければなりませんか。（　　　）にことばを書きましょう。

1）（①　　　　　　　　　　）に気をつけなければなりません。

（②　　　　　　　　　　）を消さなければなりません。

2）（①　　　　　　　　　　）に気をつけなければなりません。

海や川から（②　　　　　　　　　　）所へ行かなければなりません。

（③　　　　　　　　　　）所へ避難しなければなりません。

レベル１

1. 災害時に身を守る
さいがいじ　み　まも

A：①津波です！
つなみ
　① Tsunami desu!

B：皆さん‼　②高い所へ行きましょう‼
みな　　　　　たか　ところ　い
　Minasan!!　② Takai tokoro e ikimashō!!

➡【〜ましょう】（6課）

1）①地震
じしん
jishin

②机の下に入ります
つくえ　した　はい
tsukue no shita ni hairimasu

2）①火事
かじ
kaji

②階段で外へ行きます
かいだん　そと　い
kaidan de soto e ikimasu

3）①火事
かじ
kaji

②鼻と口をタオルで
はな　くち
hana to kuchi o taoru de

押さえます
お
osaemasu

4）①台風
たいふう
taifū

②雨戸を閉めます
あまど　し
amado o shimemasu

5）①洪水
こうずい
kōzui

②高い所へ行きます
たか　ところ　い
takai tokoro e ikimasu

レベル2

1. 災害時に身を守る　　　　　　　　　　➡【～てください】（14課）
A：火事です。火事です。
　　非常口から建物の外へ出てください。
B：はい、わかりました。

1）階段を使って、
　　外へ行きます
2）近くの人に火事を教えます

2. 災害時の行動について注意する　　　　➡【～ないでください】（17課）
A：地震です。危ないですから、
　　エレベーターを使わないでください。
B：はい、わかりました。

1）海や川に近寄ります
2）火を使います

3. 特定の人に指示をする　　　　　　　　➡【連体修飾節】（22課）
A：午後から台風が来ます。
　　①電車で帰る人は②12時までに帰って
　　ください。
B：はい、わかりました。
A：それから、帰るまえに、パソコンや機械を
　　消してください。
B：はい。

1）①歩いて帰ります
　　②木や大きい物に
　　気をつけます
2）①午前の仕事が
　　終わりました
　　②すぐ帰ります

便利な表現

レベル1

1.【～を～ます】(6課)

• アナウンスを聞きます。
Anaunsu o kikimasu.

• 雨戸を閉めます。
Amado o shimemasu.

• 火を消します。
Hi o keshimasu.

2.【～があります】(9・10課)

• 大きい傘がありますか。
Ōkii kasa ga arimasu ka.

• タオルがありますか。
Taoru ga arimasu ka.

• 午後2時25分に大きい地震がありました。
Gogo 2-ji 25-fun ni ōkii jishin ga arimashita.

3.【〈場所〉へ行きます／帰ります】(5課)

• 高い所へ行きます。
Takai tokoro e ikimasu.

• 安全な場所へ行きます。
Anzenna basho e ikimasu.

• 海や川へは行きません。
Umi ya kawa e wa ikimasen.

便利な表現

便利（べんり）な表現（ひょうげん）

レベル2

1. 【〜てください】（14課）
   - すぐエレベーターを降りてください。
   - 津波が来ますから、高い所へ避難してください。
   - 午後から台風が来ます。午後は電車が動きませんから、早く帰ってください。

2. 【〜ないでください】（17課）
   - 地震のとき、車を使わないでください。
   - 危ないですから、エレベーターを使わないでください。
   - 海や川を見に行かないでください。

3. 【連体修飾節（〜人）】（22課）
   - 電車で帰る人はきょうは早くうちへ帰ってください。
   - 海から近い所にいる人は高い所へ避難してください。
   - 3号館にいる人はすぐ外へ出てください。
   - 火を使っている人はすぐ火を消してください。

4. 【〜てから】（16課）
   - 電源を切ってから、帰ってください。
   - 安全確認が終わってから、外へ出てください。

5. 【〜とき】（23課）
   - 津波の心配があるとき、高い所へ避難します。
   - 地震が来たとき、机の下に入ります。

ユニット **4**

こうじょうけんがく せつめい き
工場見学の説明を聞く

Listening to explanations on plant tours
听工厂参观的说明
Nghe giải thích khi tham quan nhà máy
การฟังคำอธิบายในการนำชมโรงงาน
Mendengarkan penjelasan saat studi tur ke pabrik

わだい ばめん 話題・場面 Subject, situation 话题・场合 Chủ đề - Tình huống เรื่อง/สถานการณ์ Topik dan Situasi	しどういん じっしゅう こうじょう あんない せつめい う 指導員に実習する工場を案内してもらい、説明を受ける Receiving from the instructor an introduction to and explanation of the plant where training will take place 请指导员陪同参观要实习的工厂，接受说明 Được người hướng dẫn giới thiệu và giải thích về nhà máy sẽ thực tập ฟังคำอธิบายในการนำชมโรงงานที่จะฝึกอบรมจากผู้สอนงาน Dipandu oleh pembimbing ke pabrik tempat pemagangan dan menerima penjelasan
もくひょう タスクの目標 Task objectives 任务的目标 Mục tiêu của bài tập เป้าหมายของการฝึกหัด Tujuan Tugas	けんがくさき せつめい き ぜんたい こうてい ひつよう じょうほう りかい 見学先の説明を聞きながら、全体の工程と必要な情報が理解 できる To be able to understand overall processes and necessary information when listening to explanations on tours 可边听参观之地的说明，边理解整个工序和必要的信息 Có thể hiểu rõ toàn bộ quy trình và những thông tin cần thiết trong khi nghe giải thích về nơi tham quan. สามารถฟังคำอธิบายเกี่ยวกับการนำชมสถานที่ และทำความเข้าใจข้อมูลที่จำเป็น และกระบวนการของงานโดยรวมได้ Dapat memahami proses keseluruhan dan informasi yang diperlukan sambil mendengarkan penjelasan di tempat studi tur

4

 ## ウォーミングアップ

レベル1 レベル2

こうじょう けんがく
1. あなたは工場を見学したことがありますか。{ はい ・ いいえ }

せつめい き
2. どんなことに気をつけて説明を聞きますか。

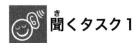 聞くタスク1

ナムさんは先週から自動車メーカーで実地研修に参加しています。ナムさんの担当はエンジンですが、組立工場へ見学に来ました。必要なことをメモしながら、説明を聞きましょう。

レベル1	レベル2	工程 kōtei	ポイント pointo
🔊11	🔊14	初めの話 hajime no hanashi	
🔊12	🔊15	プレス puresu	
	🔊16	溶接 yōsetsu	
		塗装 tosō	
		組立 kumitate	
🔊13	🔊17	検査 kensa OK!	

レベル1

「聞くタスク1」のメモを見て、（　　　）に答えを書きましょう。{　　}の中は、ロボットか、人か、どちらもか、選びましょう。そのあと、もう一度説明を聞きましょう。

	工程　kōtei	ポイント　pointo
🔊11	初めの話 hajime no hanashi	• この工場は1年に約（①　　　　　）台の Kono kōjō wa 1-nen ni yaku　　　　　dai no 車を作ります kuruma o tsukurimasu • この工場に約（②　　　　　）人います Kono kōjō ni yaku　　　　　nin imasu
🔊12	プレス　puresu 溶接　yōsetsu 塗装　tosō 組立　kumitate	プレス… {③　ロボット　・　人　}が作業します puresu　　　robotto　　　hito　　ga sagyō-shimasu **プレスの品質チェック** puresu no hinshitsu-chekku … {④　ロボット　・　人　}が作業します 　　　　robotto　　　hito　　ga sagyō-shimasu 溶接… {⑤　ロボット　・　人　}が作業します yōsetsu　　　robotto　　　hito　　ga sagyō-shimasu 塗装… {⑥　ロボット　・　人　}が作業します tosō　　　robotto　　　hito　　ga sagyō-shimasu 組立… {⑦　ロボット　・　人　}が作業します kumitate　　　robotto　　　hito　　ga sagyō-shimasu • 部品：(⑧　　　　　）点 buhin　　　　　　ten
🔊13	検査　kensa OK!	検査… {⑨　ロボット　・　人　}が作業します kensa　　　robotto　　　hito　　ga sagyō-shimasu • 検査の項目：(⑩　　　　）〜（⑪　　　　　）ぐらい kensa no kōmoku　　　　　　　　　gurai

聞くタスク2

レベル2

「聞くタスク1」のメモを見て、（　　　）に答えを書きましょう。{　　　}の中は、ロボットか、人か、どちらもか、選びましょう。そのあと、もう一度説明を聞きましょう。

	工程	ポイント
🔊14	初めの話	• この工場は1年間に約（① 　　　　　　　　）台の車を作る • この工場は約（② 　　　　　　　　）人が働いている
🔊15	プレス	• （③ 　　　　　　　　）板で部品を作る → （④ 　　　　　　　　）車を作ることができる • 1分間に（⑤ 　　　　　　　　）枚の部品を作る • プレス作業は{⑥ ロボット ・ 人 }がする • 品質チェックは{⑦ ロボット ・ 人 }がする
🔊16	溶接	• 溶接は{⑧ ロボット ・ 人 }が作業する
	塗装	• 塗装は{⑨ ロボット ・ 人 }が作業する
	組立	• 組立は{⑩ ロボット ・ 人 }が作業する • （⑪ 　　　　　　　　）点の部品がある
🔊17	検査	• 検査は{⑫ ロボット ・ 人 }がする • 時速120キロで（⑬ 　　　　　　　　）して、安全性を確認する • 検査の項目：（⑭ 　　　　　　　　）～（⑮ 　　　　　　　　）

レベル1

1. 感想を言う
かんそう い

A：①見学はどうでしたか。
けんがく
　　① Kengaku wa dō deshita ka.

B：②すごかったです。
　　② Sugokatta desu.

　　③ロボットが作業しました。
さぎょう
　　③ Robotto ga sagyō-shimashita.

➡【形容詞過去形】（12課）
けいようし か こ けい

1）①品質チェックの見学
ひんしつ けんがく
　　hinshitsu-chekku no kengaku

　　②おもしろいです
　　omoshiroi desu

　　③人が作業します
ひと さぎょう
　　hito ga sagyō-shimasu

2）①組立
くみたて
　　kumitate

　　②作業が細かいです
さぎょう こま
　　sagyō ga komakai desu

　　③人が作業します
ひと さぎょう
　　hito ga sagyō-shimasu

4

レベル2

1. 生産台数を伝える
せいさんだいすう つた

A：この工場では、①1年に
こうじょう ねん
　　約②24万台の車を作っています。
やく まんだい くるま つく

B：②24万台ですか。③多いですね。
まんだい おお

➡【～台】（11課）【～ています】（15課）
だい

1）①1か月　②2万台
げつ まんだい
　　③すごいです

2）①1時間　②60台
じかん だい
　　③速いです
はや

2. 作業状況を伝える
さぎょうじょうきょう つた

A：あそこで車の部品を①作っています。
くるま ぶひん つく

B：あ、ほんとうですね。②ロボットが
　　①作っています。
つく

➡【～ています】（15課）

1）①溶接します　②ロボット
ようせつ

2）①塗装します　②人
とそう ひと

3）①検査します　②人
けんさ ひと

25

📖 便利な表現

レベル1

1.【～ましょう】(6課)

- では、工場の中へ行きましょう。
  Dewa, kōjō no naka e ikimashō.

- では、1つ目の工程を見ましょう。
  Dewa, hitotsu-me no kōtei o mimashō.

- では、次の工程へ行きましょう。
  Dewa, tsugi no kōtei e ikimashō.

- では、完成検査の工程を見ましょう。
  Dewa, kansei-kensa no kōtei o mimashō.

レベル2

1.【～て】(16課)

- ロボットが溶接のしかたを覚えて、作業します。
- ロボットがプレスのしかたを覚えて、作業します。
- 時速120キロで運転して、車の安全性を確認します。
- 車の安全性を確認して、出荷します。

ユニット **5** 　よ てい　　 し じ　　　 き
予定や指示を聞く

Listening to plans and instructions
听计划和指示
Nghe chỉ thị và kế hoạch
การฟังกำหนดการและคำสั่งงาน
Mendengarkan rencana dan instruksi

わ だい　 ば めん **話題・場面** Subject, situation 话题·场合 Chủ đề - Tình huống เรื่อง/สถานการณ์ Topik dan Situasi	ちょうれい　　　　　ひ　　 よ てい　　し じ　　 き 朝礼でその日の予定や指示を聞く Listening to the day's plans and instructions in morning meetings 在早会时听当天的计划和指示 Nghe các chỉ thị và kế hoạch của ngày hôm đó vào buổi lễ chào buổi sáng ฟังกำหนดการและคำสั่งงานของวันนั้นในการประชุมเช้า Mendengarkan rencana hari itu dan instruksi pada apel pagi
もくひょう **タスクの目標** Task objectives 任务的目标 Mục tiêu của bài tập เป้าหมายของการฝึกหัด Tujuan Tugas	おな　 ぶ しょ　 ひと　 よ てい　 し どういん　 じょう し　 し じ　 き　　 り かい 同じ部署の人の予定や指導員・上司の指示を聞いて理解できる To be able to listen to and understand the plans of others in the same workplace and the instructions of instructors and superiors 听同部门的人的计划和指导员、上司的指示，并能够理解 Có thể hiểu được khi nghe kế hoạch của những người trong cùng bộ phận và các chỉ thị của người hướng dẫn và cấp trên. สามารถฟังและทำความเข้าใจกำหนดการของคนในแผนกเดียวกัน รวมทั้งคำสั่งงานของผู้ฝึกสอนหรือหัวหน้าได้ Dapat mendengarkan rencana dari orang di departemen yang sama maupun instruksi dari pembimbing/ atasan dan memahaminya

5

 ウォーミングアップ

レベル1　 レベル2

　　　ちょうれい
1.「朝礼」をしたことがありますか。{　 はい　・　 いいえ　}
　　　　　　　　　 ひと　 ちょうれい　 なに
2.1.で「はい」の人は、朝礼で何をしましたか。

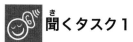 聞くタスク1

レベル1 ▶11 レベル2 ▶12

開発課の森田課長が山下さん、サリさんと朝礼をしています。何を話していますか。

メモをしましょう。

【メモ】

1. 森田課長 Morita-kachō

2. 山下さん Yamashita-san

3. サリさん Sari-san

聞くタスク2

レベル1 ▶11

もう一度、動画を見ましょう。

1. 森田課長はきょう何をしますか。正しいものに○、正しくないものに×を書きましょう。

①山下さんと打ち合わせをします。Yamashita-san to uchiawase o shimasu. （　　）

②コスト計画を書きます。Kosuto-keikaku o kakimasu. （　　）

③会議室へ行きます。Kaigishitsu e ikimasu. （　　）

2. 山下さんはきょう何をしますか。正しいものに○、正しくないものに×を書きましょう。

①午前は外出します。Gozen wa gaishutsu-shimasu. （　　）

②サリさんと打ち合わせをします。Sari-san to uchiawase o shimasu. （　　）

③午後はコスト計画を書きます。Gogo wa kosuto-keikaku o kakimasu. （　　）

3. サリさんはきょう何をしますか。（　　）に書きましょう。

サリさんはきのう工程表を（①　　　　　　　　　）。
Sari-san wa kinō kōtei-hyō o

きょうも工程表を（②　　　　　　　　　）。
Kyō mo kōtei-hyō o

工程表を課長にメールで（③　　　　　　　　　）。
Kōtei-hyō o kachō ni mēru de

それから、（④　　　　　　　　　）。
Sorekara,

あしたもう一度（⑤　　　　　　　　　）。
Ashita mō ichido

5

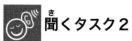 聞くタスク2

レベル2　▶12

もう一度、動画を見ましょう。

1. 森田課長はきょう何をしますか。正しいものに○、正しくないものに×を書きましょう。

①9時から山下さんと打ち合わせをします。　　　　　　　　　　（　　　）

②プロジェクト計画を作ります。　　　　　　　　　　　　　　　（　　　）

③4時から営業課と打ち合わせをします。　　　　　　　　　　　（　　　）

2. 山下さんはきょう何をしますか。正しいものに○、正しくないものに×を書きましょう。

①午前は外出します。　　　　　　　　　　　　　　　　　　　　（　　　）

②サリさんと打ち合わせをします。　　　　　　　　　　　　　　（　　　）

③午後はコスト計画を作ります。　　　　　　　　　　　　　　　（　　　）

3. サリさんはきょう何をしますか。□□□に書きましょう。

【レベル1】

1. 予定を伝える
よ てい つた

A：じゃ、きょうの予定をお願いします。
よ てい ねが

Ja, kyō no yotei o onegai-shimasu.

B：はい。①9時から10時まで
じ じ

Hai. ①9-ji kara 10-ji made

②営業課と打ち合わせをします。
えいぎょう か う あ

② eigyō-ka to uchiawase o shimasu.

それから、横浜機械へ行きます。
よこはまき かい い

Sorekara, Yokohama-kikai e ikimasu.

A：何時に行きますか。
なん じ い

Nan-ji ni ikimasu ka.

B：③11時に行きます。
じ い

③11-ji ni ikimasu.

➡【〜から〜まで】（4課）【それから】（6課）

1）①10時半〜12時
じ はん じ

10-ji han 〜 12-ji

②会議資料を準備します
かい ぎ し りょう じゅん び

kaigi-shiryō o junbi-shimasu

③1時
じ

1-ji

2）①9時半〜10時半
じ はん じ はん

9-ji han 〜 10-ji han

②出張の報告書を
しゅっちょう ほうこくしょ

shutchō no hōkokusho o

書きます
か

kakimasu

③11時半
じ はん

11-ji han

5

【レベル2】

1. 進捗状況を伝える
しんちょくじょうきょう つた

A：①工程表はもうできましたか。
こうていひょう

B：いいえ、まだです。

②きょうの3時までにメールで送ります。
じ おく

A：わかりました。

➡【もう〜ましたか／まだです】（7課）【〜までに】（17課）

1）①報告書
ほうこくしょ

②あしたの打ち合わせ
う あ

2）①見積書
みつもりしょ

②今週の金曜日
こんしゅう きんよう び

2. 予定を伝える
よ てい つた

A：①来週の会議ですが、
らいしゅう かい ぎ

いつになりましたか。

B：②月曜日の10時になりました。
げつよう び じ

A：わかりました。

➡【〜く／になります】（19課）

1）①東京出張
とうきょうしゅっちょう

②来週の水曜日
らいしゅう すいよう び

2）①来月の会議
らいげつ かい ぎ

②3月5日
がついつ か

レベル1

1.【それから】（6課）

- 報告書を書きます。それから、営業課と打ち合わせをします。
  Hōkokusho o kakimasu. Sorekara, eigyō-ka to uchiawase o shimasu.

- 日報を書きます。それから、帰ります。
  Nippō o kakimasu. Sorekara, kaerimasu.

- 課長に工程表を送ります。それから、やり直します。
  Kachō ni kōtei-hyō o okurimasu. Sorekara, yarinaoshimasu.

2.【〜はどうですか】（8課）

- 研修はどうですか。… 難しいですが、とてもおもしろいです。
  Kenshū wa dō desu ka. …Muzukashii desu ga, totemo omoshiroi desu.

- 新しいプロジェクトはどうですか。…おもしろいですが、とても忙しいです。
  Atarashii purojekuto wa dō desu ka. …Omoshiroi desu ga, totemo isogashii desu.

- 今週、会議をしましょう。金曜日はどうですか。
  Konshū, kaigi o shimashō. Kin-yōbi wa dō desu ka.

- きょうの打ち合わせは何時に始めますか。1時半はどうですか。
  Kyō no uchiawase wa nan-ji ni hajimemasu ka. 1-ji han wa dō desu ka.

レベル2

1.【〜と（引用）】（21課）

- サリさんは10分ぐらい遅刻すると言いました。
- 課長から3時に会社へ帰ると連絡がありました。
- 設計の実習は仕事に役に立つと思います。
- 報告書はやり直して、あした出したいと思います。

2.【〜てあげます】（24課）

- サリさんに朝礼の時間を教えてあげてください。
- サリさんに横浜機械までの地図をかいてあげてください。
- 開発課のパソコンをサリさんに貸してあげてください。

ユニット **6**	よてい きょうゆう 予定を共有する

Sharing plans
共享计划
Chia sẻ kế hoạch cho mọi người
การแจ้งกำหนดการให้ทราบร่วมกัน
Membagikan rencana

わだい ばめん 話題・場面 Subject, situation 话题・场合 Chủ đề - Tình huống เรื่อง/สถานการณ์ Topik dan Situasi	ちょうれい ひ よてい きょうゆう 朝礼でその日の予定を共有する Sharing the day's plans in morning meetings 在早会时共享当天的计划 Chia sẻ kế hoạch ngày hôm đó cho mọi người vào buổi lễ chào buổi sáng แจ้งกำหนดการของวันนั้นให้ทราบร่วมกันในการประชุมเช้า Membagikan rencana hari itu pada apel pagi
もくひょう タスクの目標 Task objectives 任务的目标 Mục tiêu của bài tập เป้าหมายของการฝึกหัด Tujuan Tugas	ちょうれい じぶん こうどうよてい どうりょう きょうゆう 朝礼で自分の行動予定をチームのメンバー（同僚）と共有することができる To be able to share your own action plans with team members (colleagues) in morning meetings 可在早会上将自己的行动计划与小组的成员（同事）共享 Có thể chia sẻ dự định công việc của mình với các thành viên trong nhóm (đồng nghiệp) trong buổi họp đầu ngày. สามารถแจ้งกำหนดการปฏิบัติงานของตัวเองให้กับสมาชิกในทีม (เพื่อนร่วมงาน) ให้ทราบร่วมกันได้ Dapat memberitahukan rencana kegiatan diri sendiri kepada anggota tim (rekan kerja) pada apel pagi

 ウォーミングアップ

レベル1 レベル2

6

このユニットでは「朝礼」で話す練習をします。どうして、日本の会社では朝礼をしますか。

33

聞きましょう

開発課の森田課長が、山下さん、サリさんと朝礼をします。動画を見ましょう。

1. 山下さんは、何を話しますか。（　　　）に書きましょう。

午前は外出します。（①　　　　　　　）で打ち合わせです。（②　　　　　　　）に
Gozen wa gaishutsu-shimasu.　　　　　　　de uchiawase desu.　　　　　　ni

帰ります。
kaerimasu.

午後は（③　　　　　　　）を書きます。
Gogo wa　　　　　　　　　o kakimasu.

以上です。
Ijō desu.

2. サリさんは、何を話しますか。（　　　）に書きましょう。

わたしはきのう（①　　　　　　　）を書きました。
Watashi wa kinō　　　　　　　　　o kakimashita.

きょうも（①　　　　　　　）を書きます。（②　　　　　　　）に課長に
Kyō mo　　　　　　　　　o kakimasu.　　　　　　　ni kachō ni

（③　　　　　　　）で送ります。確認をお願いします。
　　　　　　　de okurimasu.　Kakunin o onegai-shimasu.

（④　　　　　　　）、やり直します。あしたもう一度送ります。
　　　　　　　yarinaoshimasu.　Ashita mō ichido okurimasu.

以上です。
Ijō desu.

レベル2　▶14

開発課の森田課長が、山下さん、サリさんと朝礼をします。動画を見ましょう。

1．山下さんは、何と言いましたか。（　　　）に書きましょう。

> 午前は課長との打ち合わせが終わってから、外出します。
>
> （①　　　　　　　　）で打ち合わせです。（②　　　　　　　　）に帰ります。
>
> 午後はコスト計画を作ります。
>
> 以上です。

2．サリさんは、何と言いましたか。（　　　）に書きましょう。

> わたしはきのう（①　　　　　　　　）を作りました。
>
> でも、まだ途中ですから、きょうも（①　　　　　　　　）を作ります。
>
> （②　　　　　　　　）までに一度課長に（③　　　　　　　　）で送りますから、
>
> 確認をお願いします。
>
> （④　　　　　　　　）がある所は、やり直して、あした出したいと思います。
>
> 以上です。

6

 **話すタスク**

レベル1

1.

山下さん

> 午前は横浜機械で打ち合わせをします。
> Gozen wa Yokohama-kikai de uchiawase o shimasu.
>
> 午後はコスト計画を書きます。 Gogo wa kosuto-keikaku o kakimasu.
>
> 以上です。 Ijō desu.

山下さんのように、朝礼で予定を話す練習をしましょう。

あなたの予定

あなた

> 午前は Gozen wa ＿＿＿＿＿＿＿＿＿＿。午後は Gogo wa ＿＿＿＿＿＿＿＿＿＿。
> 以上です。 Ijō desu.

2.

サリさん

> きのう工程表を書きました。 Kinō kōtei-hyō o kakimashita.
>
> きょうも工程表を書きます。 Kyō mo kōtei-hyō o kakimasu.
>
> あした課長にメールで送ります。 Ashita kachō ni mēru de okurimasu.
>
> 以上です。 Ijō desu.

サリさんのように、朝礼で予定を話す練習をしましょう。

あなたの予定

あなた

> きのう Kinō ＿＿＿＿＿＿＿＿＿＿＿＿＿＿＿＿＿＿＿＿＿＿＿。
> きょう {は・も} Kyō {wa・mo} ＿＿＿＿＿＿＿＿＿＿＿＿＿＿＿＿＿。
> あした Ashita ＿＿＿＿＿＿＿＿＿＿＿＿＿＿＿＿＿＿＿＿＿＿＿。
> 以上です。 Ijō desu.

 話すタスク

レベル2

1.
やました
山下さん

午前は報告書を書いてから、本社で打ち合わせをします。
午後はコスト計画を作ります。
以上です。

山下さんのように、朝礼で予定を話す練習をしましょう。

あなたの予定

あなた

午前は_____。
午後は_____。
以上です。

6

2.
サリさん

わたしはきのう工程表を作りました。
きょうも工程表を作ります。
問題がある所は、やり直して、あした出したいと思います。
以上です。

サリさんのように、朝礼で予定を話す練習をしましょう。

あなたの予定

あなた

わたしはきのう_____。
きょう {は・も} _____。
_____たいと思います。
以上です。

会話練習
<ruby>会<rt>かい</rt></ruby><ruby>話<rt>わ</rt></ruby><ruby>練<rt>れん</rt></ruby><ruby>習<rt>しゅう</rt></ruby>

レベル1

1. 予定を伝える

A：じゃ、きょうの<ruby>予定<rt>よてい</rt></ruby>を<ruby>お願<rt>おねが</rt></ruby>いします。
　　Ja,　kyō no yotei o onegai-shimasu.

B：はい。①<ruby>9時半<rt>じはん</rt></ruby>から10<ruby>時<rt>じ</rt></ruby>まで
　　Hai.　① 9-ji han kara 10-ji made

　　②<ruby>会議室<rt>かいぎしつ</rt></ruby>で<ruby>打<rt>う</rt></ruby>ち<ruby>合<rt>あ</rt></ruby>わせをします。
　　② kaigishitsu de uchiawase o shimasu.

　　それから、<ruby>横浜機械<rt>よこはまきかい</rt></ruby>へ<ruby>行<rt>い</rt></ruby>きます。
　　Sorekara,　Yokohama-kikai e ikimasu.

A：<ruby>何時<rt>なんじ</rt></ruby>に<ruby>行<rt>い</rt></ruby>きますか。
　　Nan-ji ni ikimasu ka.

B：③11<ruby>時<rt>じ</rt></ruby>に<ruby>行<rt>い</rt></ruby>きます。
　　③ 11-ji ni ikimasu.

➡【～で、～ます】(6課)【それから】(6課)

1) ①9<ruby>時半<rt>じはん</rt></ruby>～10<ruby>時半<rt>じはん</rt></ruby>
　　9-ji han ~ 10-ji han

　　②<ruby>工場<rt>こうじょう</rt></ruby>でメンテナンスを
　　kōjō de mentenansu o

　　します
　　shimasu

　　③11<ruby>時半<rt>じはん</rt></ruby>
　　11-ji han

2) ①10<ruby>時<rt>じ</rt></ruby>～11<ruby>時半<rt>じはん</rt></ruby>
　　10-ji ~ 11-ji han

　　②<ruby>本社<rt>ほんしゃ</rt></ruby>で<ruby>会議<rt>かいぎ</rt></ruby>をします
　　honsha de kaigi o shimasu

　　③1<ruby>時<rt>じ</rt></ruby>
　　1-ji

レベル2

1. 予定を伝える

A：<ruby>午前<rt>ごぜん</rt></ruby>は、①<ruby>課長<rt>かちょう</rt></ruby>と<ruby>打<rt>う</rt></ruby>ち<ruby>合<rt>あ</rt></ruby>わせが<ruby>終<rt>お</rt></ruby>わってから、
　　<ruby>外出<rt>がいしゅつ</rt></ruby>します。

B：<ruby>何時<rt>なんじ</rt></ruby>に<ruby>帰<rt>かえ</rt></ruby>りますか。

A：<ruby>午後<rt>ごご</rt></ruby>1<ruby>時<rt>じ</rt></ruby>ごろ<ruby>帰<rt>かえ</rt></ruby>ります。

　　それから、②<ruby>あしたの会議<rt>かいぎ</rt></ruby>の<ruby>資料<rt>しりょう</rt></ruby>を<ruby>作<rt>つく</rt></ruby>ります。

➡【～てから】(16課)

1) ①<ruby>朝礼<rt>ちょうれい</rt></ruby>が<ruby>終<rt>お</rt></ruby>わります

　　②<ruby>出張<rt>しゅっちょう</rt></ruby>に<ruby>持<rt>も</rt></ruby>って<ruby>行<rt>い</rt></ruby>く<ruby>書類<rt>しょるい</rt></ruby>
　　を<ruby>準備<rt>じゅんび</rt></ruby>します

2) ①<ruby>きのうの会議<rt>かいぎ</rt></ruby>の<ruby>報告書<rt>ほうこくしょ</rt></ruby>を
　　<ruby>書<rt>か</rt></ruby>きます

　　②<ruby>来週<rt>らいしゅう</rt></ruby>の<ruby>出張<rt>しゅっちょう</rt></ruby>について
　　<ruby>打<rt>う</rt></ruby>ち<ruby>合<rt>あ</rt></ruby>わせします

便利な表現

【レベル1】

1.【〈時間〉に〜】（4課）

- 3時に工場へ行きます。
  3-ji ni kōjō e ikimasu.

- 9時に会議を始めましょう。
  9-ji ni kaigi o hajimemashō.

2.【〜から〜まで】（4課）

- 2時から4時まで外出します。
  2-ji kara 4-ji made gaishutsu-shimasu.

- 9時から10時まで営業部と打ち合わせをします。
  9-ji kara 10-ji made eigyō-bu to uchiawase o shimasu.

3.【それから】（6課）

- 課長に工程表を送ります。それから、やり直します。
  Kachō ni kōtei-hyō o okurimasu.　　Sorekara,　yarinaoshimasu.

- 報告書を書きます。それから、営業課と打ち合わせをします。
  Hōkokusho o kakimasu.　Sorekara,　eigyō-ka to uchiawase o shimasu.

- 日報を書きます。それから、帰ります。
  Nippō o kakimasu.　Sorekara,　kaerimasu.

【レベル2】

1.【〜までに】（17課）

- 3時までに一度課長にメールで送りますから、確認をお願いします。
- あしたまでに報告書を書きますから、確認をお願いします。
- 来週までに検査のしかたを覚えます。

2.【〜たいです】（13課）【〜と思います】（21課）

- 問題がある所はやり直して、あした出したいと思います。
- 来週までに検査のしかたを覚えたいと思います。
- 課長にはわたしから話したいと思います。

6

予定を確認する
よ てい かくにん

Confirming plans
确认计划
Xác nhận kế hoạch
การตรวจสอบยืนยันกำหนดการ
Memastikan rencana

話題・場面 わだい ばめん Subject, situation 话题・场合 Chủ đề - Tình huống เรื่อง/สถานการณ์ Topik dan Situasi	研修の予定について担当者に確認する けんしゅう よてい たんとうしゃ かくにん Sharing the day's plans for training with the persons in charge 关于培训的计划向担当者确认 Xác nhận với người hướng dẫn về kế hoạch thực tập ตรวจสอบยืนยันกำหนดการฝึกอบรมกับผู้ฝึกสอน Memastikan rencana pelatihan kepada penanggung jawab yang menangani
タスクの目標 もくひょう Task objectives 任务的目标 Mục tiêu của bài tập เป้าหมายของการฝึกหัด Tujuan Tugas	わからないことを質問したり、聞いた内容を確認したりすること しつもん ない よう かくにん ができる To be able to ask questions about things you do not understand and to check the content of what you are told 可提问不明白的地方，以及确认听过的内容 Có thể hỏi về những điều bạn không biết, hoặc xác nhận nội dung những gì bạn đã nghe. สามารถสอบถามในเรื่องที่ยังไม่เข้าใจ และตรวจสอบยืนยันเนื้อหาที่ได้รับฟังได้ Dapat menanyakan hal yang tidak dimengerti dan memastikan hal yang didengar

 ## ウォーミングアップ

レベル1 レベル2

研修担当者があしたの予定の話をします。
けんしゅうたんとうしゃ よ てい はなし

あなた（ナムさん）　　鈴木さん
すずき

1. 研修担当者が言ったことがわかりませんでした。もう一度確認したいとき、どう
けんしゅうたんとうしゃ い いちどかくにん
やって聞きますか。
き
2. 研修担当者が言ったことがわかりました。大切な情報をもう一度確認したいと
けんしゅうたんとうしゃ い たいせつ じょうほう いちどかくにん
き、どうやって聞きますか。
き

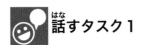**話すタスク1**

レベル1

１．わからなかったことばを聞きましょう。

例 🔊18

あしたは8時半に事務所へお願いします。
Ashita wa 8-ji han ni jimusho e onegai-shimasu.

鈴木さん

ナムさん

1）あのう、すみません。8時半ですか。
　　Anō,　　sumimasen.　　8-ji han desu ka.

2）あのう、すみません。何時ですか。
　　Anō,　　sumimasen.　　Nan-ji desu ka.

3）すみません。はち……？　もう一度お願いします。
　　Sumimasen.　　Hachi…?　　Mō ichido onegai-shimasu.

①～⑤を聞いて、例のようにわからなかったことを聞きましょう。

① 🔊19　② 🔊20　③ 🔊21　④ 🔊22　⑤ 🔊23

２．大切な情報をもう一度確認しましょう。

例 🔊24

あしたは8時半に事務所へお願いします。
Ashita wa 8-ji han ni jimusho e onegai-shimasu.

鈴木さん

ナムさん

8時半に事務所ですね。わかりました。
8-ji han ni jimusho desu ne.　　Wakarimashita.

①～⑤を聞いて、例のように確認しましょう。

① 🔊25　② 🔊26　③ 🔊27　④ 🔊28　⑤ 🔊29

話すタスク1

（レベル2）

1．わからなかったことばを聞きましょう。

例　🔊30

> あしたは<u>8時半</u>に事務所へ来てください。

鈴木さん

ナムさん

> 1）あのう、すみません。時間をもう一度お願いします。
> 2）あのう、すみません。時間は<u>8時半</u>ですか。

①～⑤を聞いて、例のようにわからなかったことを聞きましょう。

①🔊19　②🔊20　③🔊21　④🔊22　⑤🔊23

2．大切な情報をもう一度確認しましょう。

例　🔊31

> あしたは<u>8時半</u>に<u>事務所</u>へ来てください。

鈴木さん

ナムさん

> <u>8時半</u>に<u>事務所</u>ですね。わかりました。

①～⑤を聞いて、例のように確認しましょう。

①🔊25　②🔊26　③🔊27　④🔊28　⑤🔊29

7

1. 研修担当者の話を聞きます。どの「あいづち」がいいですか。

　　いい「あいづち」に○、よくない「あいづち」に×を書きましょう。

🔊32

① (　　　　) ② (　　　　) ③ (　　　　)

④ (　　　　) ⑤ (　　　　) ⑥ (　　　　)

⑦ (　　　　)

2. 研修担当者があなたに研修計画書を見せます。それから予定を話します。

　　しかし、書類の一部がわかりません。どうしますか。

9月〜10月	例 衣班 実習	研修場所：名古屋工場 指導員：伏木［製造部］ 宿　舎：寮　　　　①
11月〜3月	② 枢且 実習 成果報告会議	研修場所：名古屋工場、東京工場 指導員：中村［技術部］ 宿　舎：名古屋…寮　　③ 東京…ホテル

例　🔊33

ナムさん

> すみません。9月から10月は何の実習ですか。　ちょっと印刷が……。
> Sumimasen. 　9-gatsu kara 10-gatsu wa nan no jisshū desu ka. Chotto insatsu ga....

上の①〜③について、例のように、わからないことを聞きましょう。

ナムさん

> すみません。＿＿＿＿＿＿＿＿＿か。ちょっと＿＿＿＿＿＿＿＿が……。
> Sumimasen.　　　　　　　　　　ka.　Chotto　　　　　　　　　ga....

会話練習

レベル1

1. 主要な情報を確認する

➡【〈時間〉から】（4課）

A：①あしたの会議は2時からです。
　　① Ashita no kaigi wa 2-ji kara desu.

B：あのう、すみません。②何時ですか。
　　Anō,　　sumimasen.　② Nan-ji desu ka.

A：①2時からです。
　　① 2-ji kara desu.

B：わかりました。ありがとうございます。
　　Wakarimashita.　Arigatō gozaimasu.

1）①指導員は斉藤さんです
　　shidōin wa Saitō-san desu

　　②どなた
　　donata

2）①ナムさんのロッカーは
　　Namu-san no rokkā wa

　　18番です
　　18-ban desu

　　②何番
　　nan-ban

レベル2

1. 疑問点について質問する

➡【～が】（14課）【～てもいいですか】（15課）

【～について】（21課）

A：すみません、少し①確認してもいいですか。

B：はい、いいですよ。

A：②あしたのミーティングについてですが、
　　③どの資料を使いますか。

1）①質問します
　　②研修報告
　　③英語で話すことが
　　できます

2）①確認します
　　②午後の打ち合わせ
　　③どこでします

7

😊 便利な表現

レベル1

1.【〈場所〉で〜ます】（6課）

- 名古屋工場で製造の実習をします。

  Nagoya-kōjō de seizō no jisshū o shimasu.

- 大阪支社で研修をします。

  Ōsaka-shisha de kenshū o shimasu.

- 会議室で打ち合わせをします。

  Kaigishitsu de uchiawase o shimasu.

レベル2

1.【〜てください】（14課）

- すみませんが、もう一度今週の予定を教えてください。
- すみませんが、会議の時間をもう一度教えてください。
- すみませんが、報告書の書き方を教えてください。

46

使い方について質問する

Asking about how to use things
就使用方法提问
Hỏi về cách sử dụng
การสอบถามวิธีการใช้งาน
Bertanya mengenai cara penggunaaan mesin

話題・場面 わだい ばめん Subject, situation 话题・场合 Chủ đề - Tình huống เรื่อง/สถานการณ์ Topik dan Situasi	質問して、わからないことを解決する しつもん かいけつ Asking questions and resolving things you do not understand 进行提问，解决不明白的地方 Hỏi để giải đáp những điều bạn không biết สอบถามและแก้ไขปัญหาในเรื่องที่ไม่เข้าใจ Menyelesaikan hal-hal yang tidak dimengerti dengan bertanya
タスクの目標 もくひょう Task objectives 任务的目标 Mục tiêu của bài tập เป้าหมายของการฝึกหัด Tujuan Tugas	自分の質問の意図を明確に伝えたり、わからないことをもう一度 じぶん しつもん いと めいかく つた いちど 質問したりすることができる しつもん To be able to communicate clearly the intent of your own questions and to ask further questions on things you do not understand 可明确地传达自己提问的意图，再次提问不明白的地方 Có thể truyền đạt rõ ràng ý định trong câu hỏi của bản thân, hoặc hỏi lại một lần nữa về những điều bạn không biết. สามารถสื่อถึงเจตนาของคำถามที่ตัวเองได้อย่างชัดเจน และสามารถถามซ้ำเมื่อยังไม่เข้าใจได้ Dapat menyampaikan maksud pertanyaan sendiri secara jelas atau bertanya sekali lagi untuk hal yang tidak dimengerti

 ウォーミングアップ

レベル1 ▶15 ▶16 レベル2 ▶17 ▶18

あなたはサリさんです。サリさんになったと思って、動画を見ましょう。
おも どうが み

1．サリさんは、何がわかりませんか。
なに

2．サリさんは、どうしたらいいですか。

8

 <ruby>話<rt>はな</rt></ruby>すタスク1

イラストを<ruby>見<rt>み</rt></ruby>ながら<ruby>練習<rt>れんしゅう</rt></ruby>をしましょう。

レベル1

<ruby>例<rt>れい</rt></ruby>　A：すみません。①コピーはどうやって②します か。
　　　　Sumimasen.　① Kopii wa dōyatte　　② shimasu ka.

　　B：これをこうします。それから、こうします。
　　　　Kore o kō shimasu.　　Sorekara,　　kō shimasu.

　　A：はい。<ruby>覚<rt>おぼ</rt></ruby>えたいですから、わたしがもう<ruby>一度<rt>いちど</rt></ruby>②します。いいですか。
　　　　Hai.　Oboetai desu kara,　　watashi ga mō ichido ② shimasu.　Ii desu ka.

　　B：どうぞ。
　　　　Dōzo.

<ruby>例<rt>れい</rt></ruby>　①コピー kopii　②します shimasu

1.　①<ruby>両面<rt>りょうめん</rt></ruby>コピー ryōmen-kopii　②します shimasu

2.　①<ruby>日本語入力<rt>にほんごにゅうりょく</rt></ruby> Nihon-go-nyūryoku　②します shimasu

3.　①プロジェクター purojekutā　②つけます tsukemasu

話すタスク1

イラストを見ながら練習をしましょう。

レベル2

例　A：すみません。①コピーはどうやって②しますか。

　　B：これをこうして、こうします。

　　A：はい。わたしがもう一度②してもいいですか。覚えたいですから。

　　B：どうぞ。

例　①コピー　②します

1．①両面コピー　②します

2．①日本語入力　②します

3．①プロジェクター　②つけます

話すタスク2

イラストを見ながら練習をしましょう。

レベル1

例 A：すみません。①コピーはどうやって②しますか。
　　　Sumimasen.　①Kopii wa dōyatte　②shimasu ka.

　　B：これをこうします。それから、こうします。
　　　Kore o kō shimasu.　Sorekara,　kō shimasu.

　　A：あのう……すみません。③これじゃありません……。④両面コピーがしたいです。
　　　Anō...　sumimasen.　③Kore ja arimasen....　④Ryōmen-kopii ga shitai desu.

　　B：あ、そうですか。すみません。A, sō desu ka. Sumimasen.

　　A：いいえ。　Iie.

例 ①コピー　②します　③これ　④両面コピーがしたい
　　kopii　　shimasu　kore　ryōmen-kopii ga shitai

1.①両面コピー　②します　③白黒　④カラーコピーがしたい
　　ryōmen-kopii　　shimasu　shiro-kuro　karā-kopii ga shitai

2.①エアコン eakon　②つけます tsukemasu　③送風 sōfū　④冷房にしたい reibō ni shitai

3.①入力　②します　③英語　④日本語入力にしたい
　　nyūryoku　shimasu　Eigo　Nihon-go-nyūryoku ni shitai

話すタスク２

イラストを見ながら練習をしましょう。

[レベル2]

例　A：すみません。①コピーはどうやって②しますか。

　　B：これをこうして、こうします。

　　A：あのう……すみません。③これじゃなくて……④両面コピーがしたいです。

　　B：あ、そうでしたか。すみません。

　　A：いいえ。

例　①コピー　②します　③これ　④両面コピーがしたい

1.　①両面コピー　②します　③白黒　④カラーコピーがしたい

2.　①エアコン　②つけます　③送風　④冷房にしたい

3.　①入力　②します　③英語　④日本語入力にしたい

8

話すタスク3

イラストを見ながら練習をしましょう。

レベル1

例　A：すみません。①日報のファイルはどこにありますか。
　　　Sumimasen. 　①Nippō no fairu wa doko ni arimasu ka.

　　B：①日報のファイルは……ここです。
　　　①Nippō no fairu wa 　…koko desu.

　　A：ありがとうございます。……あのう……この②フォルダの中の……これですか。
　　　Arigatō gozaimasu. 　…Anō 　…kono②foruda no naka no 　…kore desu ka.

　　B：はい、そうです。
　　　Hai, 　sō desu.

例　①日報のファイル nippō no fairu　②フォルダの中の foruda no naka no

1．①週報のファイル shūhō no fairu　②デスクトップ上の desuku-toppujō no

2．①コピー用紙 kopii-yōshi　②箱の中の hako no naka no

3．①プリンターのトナー purintā no tonā　②キャビネットの中の kyabinetto no naka no

![icon]話すタスク３

イラストを見ながら練習をしましょう。

[レベル２]

例　A：すみません。ちょっと聞いてもいいですか。①日報のファイルはどこにありま

　　　すか。

　　B：①日報のファイルは……ここです。

　　A：ありがとうございます。……あのう……この②フォルダの中の……これですか。

　　B：はい、そうです。

例　①日報のファイル　②フォルダの中の

1．①週報のファイル　②デスクトップ上の

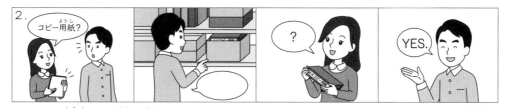

2．①コピー用紙　②箱の中の

3．①プリンターのトナー　②キャビネットの中の

8

会話練習
かいわれんしゅう

レベル1

1. 操作を教えてもらう
そうさ おし

➡【～がわかります】(9課)

A：すみません……。
Sumimasen....

①コピー機の操作がわかりません。
き そうさ
① Kopiiki no sōsa ga wakarimasen.

B：じゃ、いっしょに②コピーしましょう。
Ja, issho ni ② kopii-shimashō.

A：ありがとうございます。お願いします。
ねが
Arigatō gozaimasu. Onegai-shimasu.

1）①ファックス
fakkusu

②ファックスします
fakkusu-shimasu

2）①この機械
き かい
kono kikai

②やります
yarimasu

レベル2

1. やり方を教えてもらう
かた おし

➡【～方】(14課)【～てください】(14課)
かた

A：今お忙しいですか。
いま いそが

B：いいえ、大丈夫ですよ。
だいじょうぶ

A：すみません。

スキャナーの使い方を教えてください。
つか かた おし

B：いいですよ。

A：ありがとうございます。

1）カラーコピーのしかた
2）コピーのサイズの変え方
か かた
3）週報の書き方
しゅうほう か かた

2. コピー機の使い方を尋ねる
き つか かた たず

➡【～と、～なります】(19・23課)

A：すみません、どうやって①A4に変えますか。
か

B：②このボタンを押すと、①A4になりますよ。
お

A：わかりました。ありがとうございます。

1）①カラー
②これに触ります
さわ
2）①両面
りょうめん
②そこを押します
お

54

便利な表現

レベル1

1. 【～で～ます】（7課）
- わたしはメールで報告書を送ります。
  Watashi wa mēru de hōkokusho o okurimasu.

- わたしはファックスで見積書を送ります。
  Watashi wa fakkusu de mitsumorisho o okurimasu.

2. 【～がわかります】（9課）
- わたしはこの機械のメンテナンスがわかります。
  Watashi wa kono kikai no mentenansu ga wakarimasu.

- わたしはこのプログラムがわかりません。
  Watashi wa kono puroguramu ga wakarimasen.

3. 【～たいです】（13課）
- わたしは会議の資料を準備したいです。
  Watashi wa kaigi no shiryō o junbi-shitai desu.

- わたしは工具を借りたいです。
  Watashi wa kōgu o karitai desu.

レベル2

1. 【～てください】（14課）
- 作業の順序を教えてください。
- ファックスで資料を送ってください。
- サイズをチェックしてください。

2. 【～とき】（23課）
- サイズを変えたいとき、どうしますか。
- 操作のしかたがわからないとき、どうしますか。
- 故障したとき、どうしますか。

8

55

体調不良を伝える
たいちょうふりょう　つた

Communicating when you do not feel well
告知身体不舒服
Báo cáo tình trạng sức khỏe không tốt
การแจ้งอาการป่วยไข้ไม่สบาย
Melaporkan kondisi fisik yang tidak sehat

話題・場面 わだい　ばめん Subject, situation 话题·场合 Chủ đề - Tình huống เรื่อง/สถานการณ์ Topik dan Situasi	担当者に体調不良やけがの様子を伝える たんとうしゃ　たいちょうふりょう　　　　ようす　つた Telling the persons in charge how you are unwell or injured 告知担当者身体不舒服或受伤的情况 Báo cáo tình trạng sức khỏe không tốt hoặc tình trạng thương tích cho người phụ trách แจ้งอาการป่วยหรืออาการบาดเจ็บต่อผู้รับผิดชอบ Menyampaikan kondisi fisik yang tidak sehat atau cedera kepada penanggung jawab yang menangani
タスクの目標 もくひょう Task objectives 任务的目标 Mục tiêu của bài tập เป้าหมายของการฝึกหัด Tujuan Tugas	体調不良やけがの様子を伝えることができる たいちょうふりょう　　　　ようす　つた To be able to communicate how you are unwell or injured 可告知身体不舒服和受伤的情况 Có thể báo cáo tình trạng sức khỏe không tốt hoặc tình trạng thương tích. สามารถบอกอาการป่วยหรืออาการบาดเจ็บได้ Dapat menyampaikan kondisi fisik yang tidak sehat atau cedera

 ウォーミングアップ

レベル1　レベル2

1．日本語で何と言いますか。
にほんご　なん　い

① （　　　　）が痛いです
いた
ga itai desu

② （　　　　）が痛いです
いた
ga itai desu

③ （　　　　）が痛いです
いた
ga itai desu

④ （　　　　）が悪いです
わる
ga warui desu

⑤ （　　　　）をしました
o shimashita

⑥ （　　　　）をしました
o shimashita

⑦ （　　　　）をひきました
o hikimashita

⑧ （　　　　）があります
ga arimasu

⑨ （　　　　）が出ます
で
ga demasu

2．体調が悪いとき、どうやって指導員や上司に伝えますか。
たいちょう　わる　　　　　　　　　しどういん　じょうし　つた

聞きましょう

レベル１

[場面１] 🔊34

１.（　　　　）に答えを書きましょう。

ナムさんはきのうの晩から少し（　　　　　　　　）があります。

Namu-san wa kinō no ban kara sukoshi　　　　　　ga arimasu.

２. 正しいものに○、正しくないものに✕を書きましょう。

①ナムさんは薬を飲みました。　　　　　　　　　　　　（　　　）

　　Namu-san wa kusuri o nomimashita.

②ナムさんはうちへ帰ります。　　　　　　　　　　　　（　　　）

　　Namu-san wa uchi e kaerimasu.

③ナムさんは会社で少し休みます。　　　　　　　　　　（　　　）

　　Namu-san wa kaisha de sukoshi yasumimasu.

[場面２] 🔊35

１.（　　　　）に答えを書きましょう。

ナムさんはさっき（　　　　　　）をしました。（　　　　　　）が痛いです。

Namu-san wa sakki　　　　　　o shimashita.　　　　　ga itai desu.

２. 正しいものに○、正しくないものに✕を書きましょう。

①ナムさんは手を冷やしました。　　　　　　　　　　　（　　　）

　　Namu-san wa te o hiyashimashita.

②ナムさんはあとでやけどの理由を報告します。　　　　（　　　）

　　Namu-san wa ato de yakedo no riyū o hōkoku-shimasu.

③ナムさんは病院へ行きます。　　　　　　　　　　　　（　　　）

　　Namu-san wa byōin e ikimasu.

🔊 聞きましょう

レベル2

[場面1]　🔊36

1.（　　　）に答えを書きましょう。

ナムさんはきのうの晩から（　　　　　）が痛くて、

（　　　　　）も少しあります。

2. 正しいものに○、正しくないものに×を書きましょう。

①ナムさんは薬を飲みました。　　　　　　　　　　　　　　（　　　）

②ナムさんは午後の打ち合わせに行きません。　　　　　　（　　　）

③ナムさんと斉藤さんは、きょう病院へ行きます。　　　　（　　　）

[場面2]　🔊37

1.（　　　）に答えを書きましょう。

ナムさんは作業のとき、手に（　　　　　）をしました。

2. 正しいものに○、正しくないものに×を書きましょう。

①斉藤さんはナムさんに薬をあげました。　　　　　　　　（　　　）

②ナムさんは手に薬をつけました。　　　　　　　　　　　（　　　）

③ナムさんはやけどの理由を報告書に書かなければなりません。（　　　）

9

話すタスク

レベル1

1. あなたが研修先や職場で体調が悪かったら、どう話しますか。
   下の例を見て、あなたならどんな体調不良になるか、考えてみましょう。

例

a.

b.

c.

d.

e.

f.

体調不良について伝えましょう。

ナムさん

① _____ さん、すみません。 _____。
san,　　 sumimasen.

はい、どうぞ。
Hai,　 dōzo.

斉藤さん

②あのう、実は
Anō,　　 jitsu wa

ナムさん

2. あなたが研修先や職場でけがをしたら、どう話しますか。
　　下の例を見て、あなたならどんなけがをするか、考えてみましょう。

例

けがについて伝えましょう。

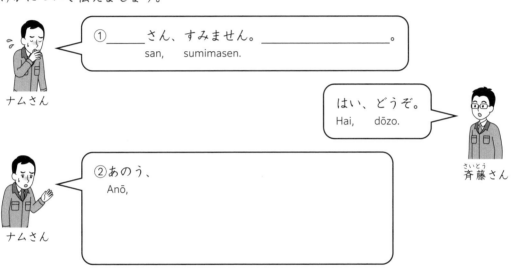

ナムさん

① _____ さん、すみません。 _____。
　　　　san,　　sumimasen.

はい、どうぞ。
Hai,　　dōzo.

斉藤さん

②あのう、
　　Anō,

ナムさん

【レベル2】

1. あなたが研修先や職場で体調が悪かったら、どう話しますか。
下の例を見て、あなたならどんな体調不良になるか、考えてみましょう。

例

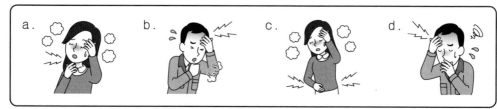

a.   b.   c.   d.

体調不良について伝えましょう。

ナムさん

①＿＿＿＿さん、すみません。＿＿＿＿＿＿＿＿＿。

はい、どうしましたか。

斉藤さん

ナムさん

②あのう、実は

2. あなたが研修先や職場でけがをしたら、どう話しますか。
下の例を見て、あなたならどんなけがをするか、考えてみましょう。

例

けがについて伝えましょう。

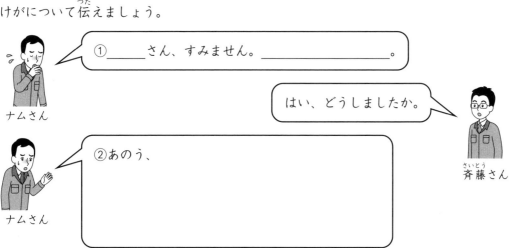

会話練習 (かいわれんしゅう)

【レベル1】

1. 休みや早退の理由を話す (やす・そうたい・りゆう・はな) ➡【どうして〜か】(9課)【〜から (理由)】(9課)

A：どうして①午後休みますか。(ご・ご・やす)
　　Dōshite ① gogo yasumimasu ka.

B：②病院へ行きますから、①休みます。(びょういん・い・やす)
　　② Byōin e ikimasu kara, ① yasumimasu.

A：大丈夫ですか。お大事に。(だいじょうぶ・だいじ)
　　Daijōbu desu ka.　O-daiji ni.

1) ①早退します (そうたい)
　　sōtai-shimasu

　　②熱があります (ねつ)
　　netsu ga arimasu

2) ①早く帰ります (はや・かえ)
　　hayaku kaerimasu

　　②今から病院へ行きます (いま・びょういん・い)
　　ima kara byōin e ikimasu

3) ①あした休みます (やす)
　　ashita yasumimasu

　　②けがをしました
　　kega o shimashita

【レベル2】

1. 病気やけがの状態を説明する (びょうき・じょうたい・せつめい) ➡【どうしましたか】(17課)

A：どうしましたか。
B：足にけがをしました。(あし)
A：大丈夫ですか。ちょっと見せてください。(だいじょうぶ・み)

1) 手にやけどをしました (て)
2) きのうから足が痛いです (あし・いた)
3) きのうから熱があります (ねつ)

2. 早退や欠勤の許可をもらう (そうたい・けっきん・きょか) ➡【〜てもいいですか】(15課)
【〜なくてもいいです】(17課)

A：あのう、実は……きのうから体の調子が悪い(じつ・からだ・ちょうし・わる)
　　です。すみませんが、①早退してもいいですか。(そうたい)
B：わかりました。大丈夫ですか。(だいじょうぶ)
　　②午後の打ち合わせに出席しなくても(ご・ご・う・あ・しゅっせき)
　　いいですよ。

1) ①これから病院へ行きます (びょういん・い)
　　②午後の会議に出ません (ご・ご・かいぎ・で)
2) ①少し休みます (すこ・やす)
　　②もうきょうはうちへ帰り(かえ)
　　　ます

64

便利な表現

レベル1

1. 【〜があります】(9課)

- きのうから熱があります。
  Kinō kara nestu ga arimasu.

- 今から病院へ行きます。薬がありませんから。
  Ima kara byōin e ikimasu.　　　Kusuri ga arimasen kara.

- 午後、ミーティングがあります。…代わりに行きますから大丈夫ですよ。お大事に。
  Gogo,　miitingu ga arimasu.　　　　…Kawari ni ikimasu kara daijōbu desu yo.　　　O-daiji ni.

2. 【もう〜ましたか／まだです】(7課)

- もう薬を飲みましたか。…はい、もう飲みました。
  Mō kusuri o nomimashita ka.　…Hai,　　mō nomimashita.

- もう薬をつけましたか。…いいえ、まだです。
  Mō kusuri o tsukemashita ka.　…Iie,　　　　mada desu.

- もう病院へ行きましたか。…いいえ、まだです。
  Mō byōin e ikimashita ka.　　　…Iie,　　　　mada desu.

9

便利な表現

1. 【～てもいいですか／よ】（15課）
   - きょう早退してもいいですか。
   - 少し休んでもいいですか。
   - 病院へ行ってもいいですか。
   - きょうはうちへ帰ってもいいですよ。

2. 【～なければなりません】（17課）
   - 会社を休まなければなりません。
   - 病院でちゃんと検査しなければなりません。
   - 人事部にけがの報告をしなければなりません。

3. 【〈期間〉に～回】（11課）【～てから】（16課）【～まえに】（18課）
   - 1日に3回この薬を飲みます。
   - ごはんを食べてから、薬を飲みます。
   - 寝るまえにこの薬を飲みます。

<table>
<tr>
<td>ユニット
10</td>
<td colspan="2">遅刻の連絡をする
<small>ちこく　れんらく</small></td>
<td>Communicating when you will be late
进行迟到的联络
Liên lạc để báo về việc đến muộn
การติดต่อเมื่อไปไม่ทันเวลา
Menginformasikan keterlambatan</td>
</tr>
</table>

話題・場面 <small>わだい　ばめん</small> Subject, situation 话题・场合 Chủ đề - Tình huống เรื่อง/สถานการณ์ Topik dan Situasi	出勤時、交通機関の遅延による遅刻を電話で連絡する <small>しゅっきんじ　こうつうきかん　ちえん　ちこく　でんわ　れんらく</small> Communicating by telephone when you will be late for work due to a public-transportation delay 上班时，用电话联络因为交通工具的延误造成的迟到 Liên lạc bằng điện thoại để báo về việc đến muộn do phương tiện giao thông chậm trễ khi đi làm โทรศัพท์ติดต่อเมื่อไปไม่ทันเวลาเพราะเกิดความล่าช้าของระบบคมนาคม Menginformasikan melalui telepon mengenai keterlambatan yang disebabkan tertundanya transportasi pada saat berangkat kerja
タスクの目標 <small>もくひょう</small> Task objectives 任务的目标 Mục tiêu của bài tập เป้าหมายของการฝึกหัด Tujuan Tugas	指導員や上司に遅刻の連絡をすることができる <small>しどういん　じょうし　ちこく　れんらく</small> To be able to notify the instructor or a superior when you will be late 可向指导员或上司进行迟到的联络 Có thể liên lạc để báo về việc đến muộn cho người hướng dẫn hoặc cấp trên. สามารถติดต่อผู้ฝึกสอนหรือหัวหน้าเมื่อไปไม่ทันเวลาได้ Dapat menginformasikan keterlambatan kepada pembimbing maupun atasan

 ウォーミングアップ

レベル1　レベル2

1. 会社に遅刻しそうなとき、だれに連絡しますか。
<small>かいしゃ　ちこく　れんらく</small>
2. どんな方法で連絡しますか。
<small>ほうほう　れんらく</small>
3. 何と言いますか。
<small>なん　い</small>

10

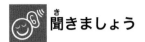 **聞きましょう**

サリさんが朝、駅にいます。

レベル1　▶19

正しいものに○を書きましょう。

①だれが電話をかけましたか。
　Dare ga denwa o kakemashita ka.

　　…｛　サリさん　・　山下さん　｝
　　　　Sari-san　　　Yamashita-san

②サリさんはどうして遅刻しますか。
　Sari-san wa dōshite chikoku-shimasu ka.

　　…｛　電車　・　ケータイ　｝のトラブルがありましたから。
　　　　densha　　　kētai　　　　no toraburu ga arimashita kara.

③サリさんはどのくらい遅刻しますか。
　Sari-san wa donokurai chikoku-shimasu ka.

　　…｛　1分　・　10分　｝ぐらい遅刻します。
　　　　1-pun　　　10-pun　　　gurai chikoku-shimasu.

レベル2　▶20

正しいものに○、正しくないものに×を書きましょう。

①サリさんは山下さんと話してから、森田課長と話しました。　　　　（　　　）

②サリさんは仕事のトラブルがありましたから、遅刻します。　　　　（　　　）

③サリさんは9時10分ごろ、会社に着きます。　　　　（　　　）

 **話すタスク**

レベル1

自分の名前や会社名で、遅刻の連絡をしましょう。

下の例を見て、あなたならどんな遅刻の理由があるか、考えてみましょう。

例

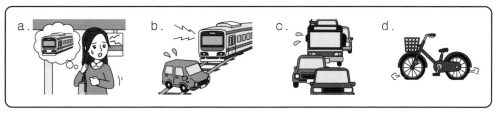

a.　　　　b.　　　　c.　　　　d.

遅刻の連絡をしましょう。

サリさん

＿＿＿＿＿＿＿です。おはようございます。
desu.　　Ohayō gozaimasu.

そうですか。わかりました。
Sō desu ka.　　Wakarimashita.

森田課長

サリさん

申し訳ありませんが、よろしくお願いします。
Mōshiwake arimasen ga,　　yoroshiku onegai-shimasu.

失礼します。
Shitsurei-shimasu.

10

 <ruby>話<rt>はな</rt></ruby>すタスク

レベル2

<ruby>自分<rt>じぶん</rt></ruby>の<ruby>名前<rt>なまえ</rt></ruby>や<ruby>会社名<rt>かいしゃめい</rt></ruby>で、<ruby>遅刻<rt>ちこく</rt></ruby>の<ruby>連絡<rt>れんらく</rt></ruby>をしましょう。

<ruby>下<rt>した</rt></ruby>の<ruby>例<rt>れい</rt></ruby>を<ruby>見<rt>み</rt></ruby>て、あなたならどんな<ruby>遅刻<rt>ちこく</rt></ruby>の<ruby>理由<rt>りゆう</rt></ruby>があるか、<ruby>考<rt>かんが</rt></ruby>えてみましょう。

<ruby>例<rt>れい</rt></ruby>

a. 　b. 　c. 　d.

<ruby>遅刻<rt>ちこく</rt></ruby>の<ruby>連絡<rt>れんらく</rt></ruby>をしましょう。

①はい、＿＿＿＿＿＿＿＿＿＿でございます。

<ruby>山下<rt>やました</rt></ruby>さん

②おはようございます。＿＿＿＿＿です。
＿＿＿＿＿をお<ruby>願<rt>ねが</rt></ruby>いします。

サリさん

はい、<ruby>少々<rt>しょうしょう</rt></ruby>お<ruby>待<rt>ま</rt></ruby>ちください。

<ruby>山下<rt>やました</rt></ruby>さん

③お<ruby>電話<rt>でんわ</rt></ruby><ruby>代<rt>か</rt></ruby>わりました。＿＿＿＿＿です。

④＿＿＿＿＿です。おはようございます。すみません。

<ruby>森田課長<rt>もりたかちょう</rt></ruby>

そうですか。わかりました。

<ruby>森田課長<rt>もりたかちょう</rt></ruby>

<ruby>申<rt>もう</rt></ruby>し<ruby>訳<rt>わけ</rt></ruby>ありませんが、よろしくお<ruby>願<rt>ねが</rt></ruby>いします。
<ruby>失礼<rt>しつれい</rt></ruby>します。

サリさん

レベル1

1. 遅刻の連絡をする
ちこく れんらく

➜【～があります】(9課)

A：おはようございます。Aです。
Ohayō gozaimasu.　　　A desu.

1) ①バスが来ません
き
basu ga kimasen

B：おはようございます。どうしましたか。
Ohayō gozaimasu.　　　Dō shimashita ka.

②きょうは
kyō wa

A：理由はわかりませんが、①電車が来ません。
りゆう　　　　　　　　でんしゃ き
Riyū wa wakarimasen ga,　① densha ga kimasen.

2) ①電車が止まりました
でんしゃ と
densha ga tomarimashita

すみませんが、②少し遅刻します。
すこ ちこく
Sumimasen ga,　② sukoshi chikoku-shimasu.

②たぶん
tabun

B：そうですか。わかりました。
Sō desu ka.　　　Wakarimashita.

レベル2

1. 遅刻の連絡をする
ちこく れんらく

➜【～と思います】(21課)
おも

A：おはようございます。Aです。

1) 電車が止まりました
でんしゃ と

B：おはようございます。どうしましたか。

2) バスが来ません
き

A：すみませんが、少し遅刻すると思います。
すこ ちこく おも
理由はわかりませんが、電車が来ません。
りゆう でんしゃ き

3) きょうはかなり渋滞して
じゅうたい
います

B：そうですか。わかりました。

レベル1

1.【～から（理由）】(9課)
りゆう

• 電車のトラブルがありましたから、10分ぐらい遅刻します。
でんしゃ ぶん ちこく
Densha no toraburu ga arimashita kara,　　10-pun gurai chikoku-shimasu.

• 渋滞ですから、30分ぐらい遅刻します。
じゅうたい ぶん ちこく
Jūtai desu kara,　　30-pun gurai chikoku-shimasu.

• 事故がありましたから、1時間ぐらい遅刻します。
じ こ じ かん ちこく
Jiko ga arimashita kara,　　1-jikan gurai chikoku-shimasu.

10

2.【〈期間〉〜分、〜時間、〜週間など】(11課)

- 10分ぐらい遅刻します。

  10-pun gurai chikoku-shimasu.

- 今から1時間ぐらいかかります。

  Ima kara 1-jikan gurai kakarimasu.

- 1週間会社を休みます。

  1-shūkan kaisha o yasumimasu.

- 日本で6か月研修します。

  Nihon de 6-kagetsu kenshū-shimasu.

📖 便利な表現

【レベル2】

1.【〜と思います】(21課)

- 10分ぐらい遅れると思います。
- 9時からの会議に遅刻すると思います。
- (会社まで)今から20分ぐらいかかると思います。

2.【〜てもいいですか】(15課)

- すみませんが、課長に連絡をお願いしてもいいですか。
- すみませんが、会社に行ってからもう一度連絡してもいいですか。

3.【〜と言います】(21課)

- すみませんが、課長に、打ち合わせに10分ぐらい遅れると言ってください。お願いします。
- すみませんが、鈴木さんに、研修が終わってからもう一度連絡すると言ってください。

4.【〜ことができます】(18課)

- 9時半に行くことができます。
- 10時から会議に出席することができます。
- 担当者に直接会うことはできませんでした。

著者　　一般財団法人 海外産業人材育成協会（AOTS／エーオーティーエス）
The Association for Overseas Technical Cooperation and Sustainable Partnerships

監修　　宮本真一　元 AOTS 総合研究所 グローバル事業部　部長
　　　　杉山充　　AOTS 総合研究所 グローバル事業部　日本語教育センター長

執筆者　内海陽子　AOTS 総合研究所 グローバル事業部　日本語教育センター
　　　　羽澤志穂　元 AOTS　新国際協力事業部 日本語教育センター

協力者　飯塚知子・上野圭子・大神隆一郎・小川佳子・小野妃華・菅野章子・近藤梨絵
　　　　篠原紀絵・柴田由佳・清水美帆・正多宏美・谷口真樹子・常次亨介・平野貴昭
　　　　藤井和代・松見ゆうな・宮津久美子・森田絵理・柳瀬薫・吉村真美・米澤昌子

イラスト　株式会社アット イラスト工房

装丁・本文デザイン　梅津由子

ゲンバの日本語　基礎編
働く外国人のための日本語コミュニケーション

2021 年 3 月 12 日　初版第 1 刷発行
2024 年 7 月 16 日　第 4 刷 発 行

著　者　　一般財団法人 海外産業人材育成協会
発行者　　藤嵜政子
発　行　　株式会社スリーエーネットワーク
　　　　　〒102-0083　東京都千代田区麹町 3 丁目 4 番
　　　　　　　　　　　トラスティ麹町ビル 2 F
　　　　　電話　営業　03（5275）2722
　　　　　　　　編集　03（5275）2725
　　　　　https://www.3anet.co.jp/
印　刷　　萩原印刷株式会社

ISBN978-4-88319-875-7　C0081
落丁・乱丁本はお取替えいたします。
本書の全部または一部を無断で複写複製（コピー）することは著作権
法上での例外を除き、禁じられています。

ゲンバの日本語シリーズ

みんなの日本語初級IIレベル

ゲンバの日本語

応用編

働く外国人のための
日本語コミュニケーション

一般財団法人海外産業人材育成協会 ● 著
B5判
75頁＋別冊33頁（スクリプト・解答例）
1,320円（税込）
〔ISBN978-4-88319-876-4〕

音声、動画
語彙リスト 5か国語の訳付き
（英語、中国語、ベトナム語、タイ語、インドネシア語）
Web教材

AOTS
一般財団法人海外産業人材育成協会 著
スリーエーネットワーク

ゲンバの日本語 単語帳

ゲンバの日本語 単語帳 製造業　働く外国人のためのことば
109頁　〔ISBN978-4-88319-884-9〕

ゲンバの日本語 単語帳 建設・設備　働く外国人のためのことば
98頁　〔ISBN978-4-88319-900-6〕

ゲンバの日本語 単語帳 IT　働く外国人のためのことば
100頁　〔ISBN978-4-88319-901-3〕

一般財団法人海外産業人材育成協会 ● 著
A5変型　各990円（税込）

見出し語の意味と音声が確認できるアプリがあります。

スリーエーネットワーク　　**https://www.3anet.co.jp/**
営業　TEL:03-5275-2722　FAX:03-5275-2729

別冊

スクリプト・解答例

ゲンバの
日本語
基礎編

働く外国人のための
日本語コミュニケーション

AOTS
一般財団法人海外産業人材育成協会　著

スリーエーネットワーク

スクリプト

ユニット1　標示の意味を調べる

※ユニット1はスクリプトなし

ユニット2　ルールやマナーの説明を聞く

聞くタスク1、2

レベル1

▶01　鈴木：おはようございます。きょうから研修ですね。よろしくお願いします。
　　　Suzuki: Ohayō gozaimasu.　　Kyō kara kenshū desu ne.　　Yoroshiku onegai-shimasu.

　　　ナム：よろしくお願いします。
　　　Namu: Yoroshiku onegai-shimasu.

　　　鈴木：じゃ、行きましょう。
　　　Suzuki: Ja,　　ikimashō.

1. ロッカールームで Rokkā-rūmu de

▶02　鈴木：ここはロッカールームです。ナムさんのロッカーはここです。
　　　Suzuki: Koko wa rokkā-rūmu desu.　　Namu-san no rokkā wa koko desu.

　　　毎朝ここで着替えます。研修は9時からです。
　　　Maiasa koko de kigaemasu.　　Kenshū wa 9-ji kara desu.

　　　8時55分までに工場へ行きます。時間厳守でお願いします。
　　　8-ji 55-fun made ni kōjō e ikimasu.　　Jikan-genshu de onegai-shimasu.

　　　ナム：はい、わかりました。作業は9時からですか。
　　　Namu: Hai,　　wakarimashita.　　Sagyō wa 9-ji kara desu ka.

　　　鈴木：えー、9時から工場で朝礼をします。それから作業をします。
　　　Suzuki: Ē,　　9-ji kara kōjō de chōrei o shimasu.　　Sorekara sagyō o shimasu.

　　　ナム：はい、わかりました。あのう、荷物はロッカーですか。
　　　Namu: Hai,　　wakarimashita.　　Anō,　　nimotsu wa rokkā desu ka.

　　　鈴木：はい、そうです。かぎ、お願いしますね。じゃ、着替えをお願いします。
　　　Suzuki: Hai,　sō desu.　　Kagi,　onegai-shimasu ne.　　Ja,　　kigae o onegai-shimasu.

　　　それから工場へ行きましょう。
　　　Sorekara kōjō e ikimashō.

2．工場で Kōjō de

▶03 鈴木：ナムさん、ここは工場ですから、たばこはだめです。
Suzuki: Namu-san, koko wa kōjō desu kara, tabako wa dame desu.

ナム：あ、すみません！　あのう……たばこは、どこで吸いますか。
Namu: A, sumimasen! Anō… tabako wa, doko de suimasu ka.

鈴木：喫煙所です。
Suzuki: Kitsuenjo desu.

ナム：きつえん……何ですか。
Namu: Kitsuen… nan desu ka.

鈴木：「きつえんじょ」です。12時に昼ごはんを食べます。
Suzuki: "Kitsuenjo" desu. 12-ji ni hirugohan o tabemasu.

それからいっしょに行きましょう。
Sorekara issho ni ikimashō.

鈴木：あ、ナムさん、工場ではケータイもだめです。
Suzuki: A, Namu-san, kōjō de wa kētai mo dame desu.

ナム：はい、わかりました。
Namu: Hai, wakarimashita.

鈴木：あ、ナムさん！　その機械に触りません。危ないですよ。
Suzuki: A, Namu-san! Sono kikai ni sawarimasen. Abunai desu yo.

工場では安全第一です。じゃ、作業をします。
Kōjō de wa anzen-daiichi desu. Ja, sagyō o shimasu.

⋮

鈴木：ナムさん、12時ですね。昼休みです。食堂へ行きましょう。
Suzuki: Namu-san, 12-ji desu ne. Hiruyasumi desu. Shokudō e ikimashō.

3．食堂で Shokudō de

▶04 ナム：わあ、ここが食堂ですか。
Namu: Wā, koko ga shokudō desu ka.

鈴木：ええ。機械で昼ごはんのチケットを買います。
Suzuki: Ē. Kikai de hirugohan no chiketto o kaimasu.

それから食堂の人にチケットを見せてください。
Sorekara shokudō no hito ni chiketto o misete kudasai.

ナム：はい。
Namu: Hai.

        ⋮

ナム：あ、鈴木さんはお弁当ですか。
Namu: A,　Suzuki-san wa o-bentō desu ka.

鈴木：ええ。わたしは毎日食堂で弁当を食べます。
Suzuki: Ē.　　Watashi wa mainichi shokudō de bentō o tabemasu.

ナム：そうですか。お弁当もいいですね。えーと、たばこは……。
Namu: Sō desu ka.　O-bentō mo ii desu ne.　Ēto,　tabako wa….

鈴木：あ、ここじゃありません。たばこはあの喫煙所で吸います。
Suzuki: A,　koko ja arimasen.　　Tabako wa ano kitsuenjo de suimasu.

ナム：はい、ありがとうございます。
Namu: Hai,　arigatō gozaimasu.

4. 工場で Kōjō de

▶05　鈴木：ナムさん、5時ですね。作業を終わりましょう。
Suzuki: Namu-san,　5-ji desu ne.　Sagyō o owarimashō.

ナム：はい、きょうはありがとうございました。
Namu: Hai,　kyō wa arigatō gozaimashita.

鈴木：あ、工具はあそこです。工場は整理整頓、お願いします。
Suzuki: A,　kōgu wa asoko desu.　Kōjō wa seiri-seiton,　onegai-shimasu.

ナム：はい。わかりました。
Namu: Hai.　Wakarimashita.

鈴木：研修生は、毎日日報を書きます。それからうちへ帰ります。
Suzuki: Kenshūsei wa,　mainichi nippō o kakimasu.　Sorekara uchi e kaerimasu.

じゃ、あしたも9時から朝礼です。
Ja,　ashita mo 9-ji kara chōrei desu.

休み、遅刻は、9時までに事務所に連絡してください。
Yasumi, chikoku wa, 9-ji made ni jimusho ni renraku-shite kudasai.

電話番号はわかりますか。
Denwa-bangō wa wakarimasu ka.

ナム：はい、わかります。じゃ、お先に失礼します。
Namu: Hai,　wakarimasu.　Ja,　osaki ni shitsurei-shimasu.

鈴木：お疲れさまでした。
Suzuki: Otsukaresama deshita.

▶06 鈴木：おはようございます。きょうから研修ですね。よろしくお願いします。

ナム：よろしくお願いします。

鈴木：じゃ、行きましょう。

1. ロッカールームで

▶07 鈴木：ここはロッカールームです。ナムさんはこのロッカーを使ってください。研修は9時からです。毎朝ここで着替えてから、8時55分までに工場へ行ってください。時間厳守でお願いします。

ナム：はい、わかりました。作業は9時からですか。

鈴木：いいえ、毎朝朝礼をしてから、作業をします。

ナム：まず、朝礼ですね。わかりました。あの、ケータイやお金はどうしますか。

鈴木：ロッカーに入れてください。かぎも忘れないでくださいね。じゃ、着替えて工場へ行きましょう。

2. 工場で

▶08 鈴木：ナムさん、工場はここです。工場では禁煙ですから、たばこは吸わないでくださいね。

ナム：あの……、わたしは時々、たばこが吸いたいです。どこで吸うことができますか。

鈴木：工場の外に喫煙所があります。喫煙所で吸ってください。

ナム：きつえん……何ですか。

鈴木：「きつえんじょ」です。昼ごはんを食べてから、いっしょに行きましょう。

ナム：はい。わかりました。

鈴木：それから工場ではケータイ禁止です。ケータイを見ないでくださいね。

ナム：はい、わかりました。気をつけます。

鈴木：あ、ナムさん、危ないですから、大きい機械に触らないでください。機械の操作はここでしてください。これは操作のマニュアルです。今から操作のしかたを教えますが、マニュアルもよく見てください。

ナム：はい。

鈴木：工場では安全第一です。じゃ、作業を始めましょう。

鈴木：ナムさん、もう12時ですね。昼休みです。食堂へ行きましょう。

3. 食堂で

▶09 ナム：わあ、広い食堂ですねぇ……。

鈴木：機械で昼ごはんのチケットを買ってください。それから食堂の人にチケットを出してください。

ナム：はい。

　　　　　　　⋮

ナム：あ、鈴木さんは、お弁当ですか。

鈴木：ええ、わたしはいつも食堂で弁当を食べます。ナムさんも弁当を持って来て、ここで食べても大丈夫ですよ。

ナム：そうですか。じゃ、わたしもうちでお弁当を作って、食堂で食べます。

鈴木：それはいいですね。

ナム：あの、昼ごはんを食べてから、ここで少し日本語を勉強してもいいですか。

鈴木：そうですね……待っている人がいなかったら、いいと思いますよ。昼休みは午後1時までですから、1時までに工場へ来てください。

4. 工場で

▶10 鈴木：ナムさん、そろそろ5時ですね。作業を終わりましょう。

ナム：はい。きょうはありがとうございました。

鈴木：あ、工具は壁にありましたよね。壁に掛けてから帰ってください。工場では整理整頓が大切です。

ナム：あ、はい。すみません……。これでいいですか。

鈴木：はい。じゃ、事務所で日報を書いてから帰ってください。

ナム：日報……日本語で書きますか。

鈴木：ええ。日本語がいいですね。じゃ、あしたも9時から朝礼ですから、遅れないでください。休みや遅刻のときは9時までに事務所に電話してください。電話番号はわかりますよね。

ナム：はい、大丈夫です。では、お先に失礼します。

鈴木：お疲れさまでした。

ユニット3　災害時のアナウンスを聞く

聞くタスク1

レベル1　レベル2

🔊01　①緊急地震速報。大地震です。大地震です。
Kinkyū-jishin-sokuhō. Ōjishin desu.　　Ōjishin desu.

🔊02　②火事です。火事です。火災が発生しました。落ち着いて避難してください。
Kaji desu.　　Kaji desu.　　Kasai ga hassei-shimashita. Ochitsuite hinan-shite kudasai.

🔊03　③津波警報が発表されました。海岸付近の方は高台に避難してください。
Tsunami-keihō ga happyō-saremashita. Kaigan-fukin no kata wa takadai ni hinan-shite kudasai.

🔊聞くタスク2

レベル1

🔊04　①こちらは、区役所です。この地域にたくさんの雨が降りました。
Kochira wa,　kuyakusho desu. Kono chiiki ni takusan no ame ga furimashita.

安全な場所に逃げてください。
Anzenna basho ni nigete kudasai.

🔊05　②今、地震がありました。震源地は、埼玉県南部です。
Ima,　jishin ga arimashita.　　Shingenchi wa, Saitama-ken-nanbu desu.

東京都23区は震度4です。地震は一度だけではありません。
Tōkyō-to 23-ku wa shindo 4 desu.　　Jishin wa ichido dake dewa arimasen.

もう一度来ます。危ないですから、エレベーターは使わないでください。
Mō ichido kimasu.　　Abunai desu kara,　　erebētā wa tsukawanai de kudasai.

階段を使ってください。
Kaidan o tsukatte kudasai.

🔊06　③午後3時23分に大きい地震がありました。
Gogo 3-ji 23-pun ni ōkii jishin ga arimashita.

これから津波も来ます。海や川から遠い所へ行ってください。
Korekara tsunami mo kimasu. Umi ya kawa kara tōi tokoro e itte kudasai.

高い所へ避難してください。津波は何回も来ます。
Takai tokoro e hinan-shite kudasai.　Tsunami wa nankai mo kimasu.

海や川の近くに行かないでください。
Umi ya kawa no chikaku ni ikanai de kudasai.

これからもアナウンスを聞いてください。
Korekara mo anaunsu o kiite kudasai.

レベル2

◀07　1）お知らせします。台風5号が来ます。12日午後3時に関東地方に来ます。午後から電車は動きません。電車で帰る人は、きょうは早くうちへ帰ってください。機械の電源を切ってから、帰ってください。これから風や雨がとても強くなります。帰るとき、看板や木などに気をつけてください。

◀08　2）2階の作業室が火事です。近くの非常口から建物の外へ出てください。エレベーターは危ないですから、階段を使ってください。タオルで鼻と口を押さえて、煙を吸わないでください。タオルがない人は、服で押さえましょう。危ないですから、歩いて外へ出てください。

◀09　1）地震がありました。午後3時23分に大きい地震がありました。震源地は、埼玉県南部です。東京都23区は震度4です。地震は1回だけではありません。余震が来ます。余震に気をつけてください。危ないですから、エレベーターは使わないでください。階段を使ってください。火を使っている人は、すぐ消してください。

◀10　2）午後3時23分に大きい地震がありました。津波に気をつけてください。海や川から遠い所へ行ってください。津波は1回だけではありません。何回も来ますから、注意してください。海から近い所にいる人は、高い所へ避難してください。危ないですから、海や川に近寄らないでください。これからのアナウンスに気をつけてください。

ユニット4　工場見学の説明を聞く

聞くタスク1、2

レベル1

◀11　斉藤：では、工場の中へ行きましょう。
　　　Saitō:　Dewa, kōjō no naka e ikimashō.

この工場では、1年に約24万台、車を作ります。
Kono kōjō de wa, 1-nen ni yaku 24-man-dai, kuruma o tsukurimasu.

ナム：24万台ですか……！　工場には何人いますか。
Namu: 24-man-dai desu ka…! Kōjō ni wa nan-nin imasu ka.

斉藤：2,600人ぐらいです。
Saitō: 2,600-nin gurai desu.

　　　ナムさんのエンジンの工場は3,300人ぐらいですよね。
　　　Namu-san no enjin no kōjō wa 3,300-nin gurai desu yo ne.

ナム：はい。
Namu: Hai.

斉藤：こちらの組立工場のほうが少ないです。
Saitō: Kochira no kumitate-kōjō no hō ga sukunai desu.

　　　ここでは、ロボットもたくさん作業しますからね。
　　　Koko de wa, robotto mo takusan sagyō-shimasu kara ne.

ナム：そうですか。
Namu: Sō desu ka.

斉藤：では、1つ目の工程を見ましょう。
Saitō: Dewa, hitotsu-me no kōtei o mimashō.

🔊12　斉藤：はい。これでプレス、溶接、塗装の工程を見ました。
Saitō: Hai. Kore de puresu, yōsetsu, tosō no kōtei o mimashita.

　　　ナムさん、どうでしたか。
　　　Namu-san, dō deshita ka.

ナム：すごかったです。ロボットがたくさん作業しました。
Namu: Sugokatta desu. Robotto ga takusan sagyō-shimashita.

斉藤：そうですね。プレスと溶接はロボットがしましたね。
Saitō: Sō desu ne. Puresu to yōsetsu wa robotto ga shimashita ne.

　　　でも、プレスの品質チェックは人がしました。
　　　Demo, puresu no hinshitsu-chekku wa hito ga shimashita.

　　　塗装はどうでしたか。
　　　Tosō wa dō deshita ka.

ナム：えっと……ロボットも人も作業しました。
Namu: Etto… robotto mo hito mo sagyō-shimashita.

斉藤：そうですね。それから、次の組立は人がします。
Saitō: Sō desu ne.　　Sorekara,　　tsugi no kumitate wa hito ga shimasu.

ナム：そうですか。組立は人がしますか。
Namu: Sō desu ka.　　Kumitate wa hito ga shimasu ka.

斉藤：そうです。組立は 3,000 点ぐらいの部品があります。
Saitō: Sō desu.　　Kumitate wa 3,000-ten gurai no buhin ga arimasu.

ナム：3,000 点……！
Namu: 3,000-ten...!

斉藤：はい。組立は部品が多いです。それから作業が細かいです。
Saitō:　Hai.　　Kumitate wa buhin ga ōi desu.　Sorekara sagyō ga komakai desu.

ですから人がします。
Desukara hito ga shimasu.

🔊13　斉藤：最後に完成検査の工程を見ましょう。
Saitō:　Saigo ni kansei-kensa no kōtei o mimashō.

ナム：カンセイケンサ……？
Namu: Kansei-kensa...?

斉藤：人が車を検査します。
Saitō:　Hito ga kuruma o kensa-shimasu.

検査の項目は 700 から 1,000 ぐらいですね。
Kensa no kōmoku wa 700 kara 1,000 gurai desu ne.

ナム：そうですか……！　たくさん検査しますね！
Namu: Sō desu ka...!　　Takusan kensa-shimasu ne!

斉藤：安全性はとても大切ですから、たくさんの項目を検査します。
Saitō:　Anzensei wa totemo taisetsu desu kara, takusan no kōmoku o kensa-shimasu.

ナム：はい。わかりました！
Namu: Hai.　　Wakarimashita!

レベル2

🔊14　斉藤：では、工場の中をご案内します。この工場では、1 年に約 24 万台の
車を作っています。
ナム：24 万台ですか……。何人ぐらいの人が働いていますか。
斉藤：2,600 人ぐらいです。

ナム：2,600人ですか。わたしがいるエンジンの工場は3,300人です。こちらのほうが少ないですね。

斉藤：ここでは、ロボットもたくさん作業しますからね。

ナム：そうですか。

◀15 斉藤：はい。では、1つ目の工程を見ましょう。プレス機を使って、車の部品を作っていますね。強くて軽い板で部品を作りますから、丈夫な車を作ることができます。ここでは、1分間に12枚の部品を作ります。この部品は厳しい品質チェックをしてから、次の工程へ行きます。

ナム：はい。

斉藤：プレスの作業はロボットがしますが、品質チェックは人がします。

ナム：あ、そうですか。

斉藤：ロボットは品質チェックはできません。品質チェックは大切ですから、人がします。

ナム：なるほど……。

◀16 斉藤：では、次は溶接の工程を見ましょう。溶接も、ロボットが作業します。ロボットが溶接のしかたを覚えて、作業します。

ナム：そうですか。すごいですね。

斉藤：塗装はロボットも、人もします。

ナム：トソウ？

斉藤：色を塗ることです。青い車や赤い車など、いろいろな色にします。

ナム：なるほど。そうですか。

斉藤：それから組立は人がします。3,000点ぐらいの部品がありますから、大変です。とても細かい作業です。

ナム：3,000点……！

◀17 斉藤：最後に、完成検査の工程を見ましょう。

ナム：カンセイケンサ……？

斉藤：出荷するまえに、人が車を検査することです。時速120キロで運転して、車の安全性を確認します。検査の項目は700から1,000ぐらいですね。

ナム：そうですか……！　たくさん検査しますね！

斉藤：安全性はとても大切ですから、たくさんの項目を検査します。検査も
大切な工程の一つです。

ナム：はい。わかりました！

ユニット5　予定や指示を聞く

 聞くタスク1、2

レベル1

▶11　森田課長：おはようございます。9月5日の朝礼をします。
Morita-kachō:　Ohayō gozaimasu.　　9-gastu itsuka no chōrei o shimasu.

わたしのきょうの予定です。
Watashi no kyō no yotei desu.

9時半から山下さんと打ち合わせをします。
9-ji han kara Yamashita-san to uchiawase o shimasu.

それからプロジェクト計画を書きます。
Sorekara purojekuto-keikaku o kakimasu.

午後は4時から5時まで、営業課と打ち合わせをしますから、
Gogo wa 4-ji kara 5-ji made,　　eigyō-ka to uchiawase o shimasu kara,

4時にわたしは会議室へ行きます。
4-ji ni watashi wa kaigishitsu e ikimasu.

用事は4時までに教えてください。
Yōji wa 4-ji made ni oshiete kudasai.

じゃ、山下さんから、予定をお願いします。
Ja,　　Yamashita-san kara, yotei o onegai-shimasu.

山下：　　はい。午前は外出します。　横浜機械で打ち合わせです。
Yamashita:　Hai.　Gozen wa gaishutsu-shimasu. Yokohama-kikai de uchiawase desu.

1時に帰ります。午後はコスト計画を書きます。以上です。
1-ji ni kaerimasu.　Gogo wa kosuto-keikaku o kakimasu.　Ijō desu.

森田課長：はい。じゃ、サリさん。
Morita-kachō:　Hai.　Ja,　Sari-san.

サリ：　　はい！　わたしはきのう工程表を書きました。
Sari:　　Hai!　　Watashi wa kinō kōtei-hyō o kakimashita.

きょうも工程表を書きます。3時に課長にメールで送ります。
Kyō mo kōtei-hyō o kakimasu.　3-ji ni kachō ni mēru de okurimasu.

確認をお願いします。それから、やり直します。
Kakunin o onegai-shimasu. Sorekara,　yarinaoshimasu.

あしたもう一度送ります。以上です。
Ashita mō ichido okurimasu.　Ijō desu.

森田課長：　サリさん、工程表はどうですか。難しいですか。
Morita-kachō:　Sari-san,　kōtei-hyō wa dō desu ka.　Muzukashii desu ka.

サリ：　　はい、ちょっと難しいです。
Sari:　　Hai,　chotto muzukashii desu.

森田課長：　じゃ、サリさんのきのうの工程表も確認します。
Morita-kachō:　Ja,　Sari-san no kinō no kōtei-hyō mo kakunin-shimasu.

朝礼が終わります。それから、工程表を見せてください。
Chōrei ga owarimasu.　Sorekara,　kōtei-hyō o misete kudasai.

サリ：　　はい、わかりました。
Sari:　　Hai,　wakarimashita.

森田課長：　じゃ、きょうも、よろしくお願いします。
Morita-kachō:　Ja,　kyō mo,　yoroshiku onegai-shimasu.

山下・サリ：よろしくお願いします。
Yamashita・Sari: Yoroshiku onegai-shimasu.

レベル2

▶12　森田課長：　おはようございます。9月5日の朝礼を始めます。まず、わたしのきょうの予定ですが、9時半から山下さんと打ち合わせがあります。それからプロジェクト計画を作ります。午後は4時から1時間ぐらい営業課と打ち合わせがあります。用事がある人は4時までにお願いします。では、山下さんから、予定をお願いします。

山下：　　はい。わたしは、午前は課長との打ち合わせが終わってから、外出します。横浜機械で打ち合わせです。1時ごろに帰ります。午後はコスト計画を作ります。以上です。

森田課長：　はい。じゃ、サリさん。

サリ：　　はい！　わたしはきのう工程表を作りました。でも、まだ途

　　　　　　中ですから、きょうも工程表を作ります。3時までに一度課
　　　　　　長にメールで送りますから、確認をお願いします。問題がある
　　　　　　所は、やり直して、あした出したいと思います。以上です。

森田課長：　サリさん、工程表はどうですか。難しいですか。

サリ：　　　はい、少し難しいです。

森田課長：　じゃ、工程表ですが、きのうまでに作った所をまず確認しま
　　　　　　すから、朝礼が終わってから、一度見せてください。

サリ：　　　はい、わかりました。

森田課長：　次に、月曜11時の課のミーティングですが、来週は山下さん
　　　　　　が午前中お休みですから、午後にしたいと思います。1時はど
　　　　　　うですか。都合が悪い人はいますか。

山下：　　　大丈夫です。

サリ：　　　わたしも大丈夫です。

森田課長：　では、来週の課のミーティングは1時から始めます。皆さんか
　　　　　　ら、ほかに連絡はありますか。では、きょうも1日、よろしくお
　　　　　　願いします。

山下・サリ：よろしくお願いします。

ユニット6　予定を共有する

 聞きましょう

レベル1

▶13　森田課長：おはようございます。9月5日の朝礼をします。
　　　Morita-kachō: Ohayō gozaimasu.　　9-gatsu itsuka no chōrei o shimasu.

　　　　　　じゃ、山下さんから予定をお願いします。
　　　　　　Ja,　　Yamashita-san kara yotei o onegai-shimasu.

山下：　　　はい。午前は外出します。　横浜機械で打ち合わせです。
Yamashita:　Hai.　Gozen wa gaishutsu-shimasu. Yokohama-kikai de uchiawase desu.

　　　　　　1時に帰ります。午後はコスト計画を書きます。以上です。
　　　　　　1-ji ni kaerimasu.　Gogo wa kosuto-keikaku o kakimasu.　Ijō desu.

森田課長：はい。じゃ、サリさん。
Morita-kachō: Hai.　Ja,　　Sari-san.

サリ： 　　　　はい！　わたしはきのう工程 表 を書きました。
Sari: 　　　　Hai!　　　Watashi wa kinō kōtei-hyō o kakimashita.

きょうも工程 表 を書きます。3 時に課 長 にメールで送ります。
Kyō mo kōtei-hyō o kakimasu.　　　3-ji ni kachō ni mēru de okurimasu.

確認をお願いします。それから、やり直します。
Kakunin o onegai-shimasu.　Sorekara,　　yarinaoshimasu.

あしたもう一度送ります。以上 です。
Ashita mō ichido okurimasu.　　Ijō desu.

レベル2
▶14　森田課 長 ：おはようございます。9 月 5 日の 朝 礼を始めます。では、山 下
　　　　　　さんから予定をお願いします。
山 下： 　　　はい。わたしは、午前は課 長 との打ち合わせが終わってから、外
　　　　　　出 します。横浜機械で打ち合わせです。1 時ごろに帰ります。
　　　　　　午後はコスト計画を作ります。以上 です。
森田課 長 ：はい。じゃ、サリさん。
サリ： 　　　はい！　わたしはきのう工程 表 を作りました。でも、まだ途 中
　　　　　　ですから、きょうも工程 表 を作ります。3 時までに一度課 長 に
　　　　　　メールで送りますから、確認をお願いします。問題がある 所 は、
　　　　　　やり直して、あした出したいと思います。以上 です。

ユニット7　予定を確認する

話すタスク1

レベル1
🔊18　1）鈴木：あしたは8 時半（雑音）に事務所へお願いします。
　　　　Suzuki: Ashita wa 8-ji han ni jimusho e onegai-shimasu.

ナム：あのう、すみません。8 時半ですか。
Namu: Anō,　　sumimasen.　　8-ji han desu ka.

2）鈴木：あしたは8 時半（雑音）に事務所へお願いします。
Suzuki: Ashita wa 8-ji han ni jimusho e onegai-shimasu.

ナム：あのう、すみません。何時ですか。
Namu: Anō,　　sumimasen.　　Nan-ji desu ka.

3) 鈴木：あしたは8時半（雑音）に事務所へお願いします。
Suzuki: Ashita wa 8-ji han ni jimusho e onegai-shimasu.

ナム：すみません。はち……？　もう一度お願いします。
Namu: Sumimasen.　Hachi…?　Mō ichido onegai-shimasu.

レベル1　レベル2

🔊19　①鈴木：担当者は斉藤さん（雑音）です。
Suzuki: Tantōsha wa Saitō-san desu.

🔊20　②鈴木：会議は来週の月曜日（雑音）です。
Suzuki: Kaigi wa raishū no getsu-yōbi desu.

🔊21　③鈴木：東京の実習は2月（雑音）からです。
Suzuki: Tōkyō no jisshū wa 2-gatsu kara desu.

🔊22　④鈴木：会議は月曜日の10時（雑音）から東京本社でします。
Suzuki: Kaigi wa getsu-yōbi no 10-ji kara Tōkyō-honsha de shimasu.

🔊23　⑤鈴木：名古屋（雑音）工場でエンジンの製造の実習をします。
Suzuki: Nagoya-kōjō de enjin no seizō no jisshū o shimasu.

レベル1

🔊24　鈴木：あしたは8時半に事務所へお願いします。
Suzuki: Ashita wa 8-ji han ni jimusho e onegai-shimasu.

ナム：8時半に事務所ですね。わかりました。
Namu: 8-ji han ni jimusho desu ne.　Wakarimashita.

レベル1　レベル2

🔊25　①鈴木：担当者は斉藤さんです。
Suzuki: Tantōsha wa Saitō-san desu.

🔊26　②鈴木：会議は来週の月曜日です。
Suzuki: Kaigi wa raishū no getsu-yōbi desu.

🔊27　③鈴木：東京の実習は2月からです。
Suzuki: Tōkyō no jisshū wa 2-gatsu kara desu.

🔊28　④鈴木：会議は月曜日の10時から東京本社でします。
Suzuki: Kaigi wa getsu-yōbi no 10-ji kara Tōkyō-honsha de shimasu.

🔊29 ⑤鈴木：名古屋工場でエンジンの製造の実習をします。
Suzuki: Nagoya-kōjō de enjin no seizō no jisshū o shimasu.

レベル2

🔊30 1）鈴木：あしたは8時半（雑音）に事務所へ来てください。
　　　ナム：あのう、すみません。時間をもう一度お願いします。
　2）鈴木：あしたは8時半（雑音）に事務所へ来てください。
　　　ナム：あのう、すみません。時間は8時半ですか。

🔊31 鈴木：あしたは8時半に事務所へ来てください。
　　　ナム：8時半に事務所ですね。わかりました。

 話すタスク2

レベル1　レベル2

🔊32 ①はっ？　②はぁ……　③はい　④ええ　⑤うん　⑥ふぅん　⑦そうですね
　　　Ha?　　　Hā…　　　Hai　　Ē　　Un　　Fūn　　Sō desu ne

🔊33 ナム：すみません。9月から10月は何の実習ですか。
Namu: Sumimasen.　9-gatsu kara 10-gatsu wa nan no jisshū desu ka.

ちょっと印刷が……。
Chotto insatsu ga….

ユニット8　使い方について質問する
ウォーミングアップ

レベル1

【エアコン】eakon

▶15 サリ：　寒いですね。エアコン……。
Sari:　　Samui desu ne. Eakon….

山下：　じゃあ、送風にしますか。
Yamashita: Jā,　　sōfū ni shimasu ka.

サリ： ……。
Sari: ....

山下： ここをこうします。これで、送風になりますよ。
Yamashita: Koko o kō shimasu.　　Kore de,　sōfū ni narimasu yo.

サリ： あ、はい。ありがとうございます。
Sari:　　A,　hai.　Arigatō gozaimasu.

【コピー機】kopiiki

▶16　森田課長：サリさん、これ、両面コピーお願いします。
　　　Morita-kachō: Sari-san,　　kore,　ryōmen-kopii onegai-shimasu.

サリ：　　はい。
Sari:　　Hai.

　　　　　　　　⋮

サリ：　　山下さん、すみません。コピーはどうやって、しますか。
Sari:　　Yamashita-san, sumimasen.　Kopii wa dōyatte,　　shimasu ka.

山下：　　あ、コピー？　簡単ですよ。これをこうします。
Yamashita:　A,　Kopii?　　Kantan desu yo. Kore o kō shimasu.

それから、こうします。
Sorekara,　kō shimasu.

サリ：　　あ、ありがとうございます。
Sari:　　A,　arigatō gozaimasu.

レベル2

【エアコン】

▶17　サリ：寒いですね。エアコン……。
　　　山下：じゃあ、送風にして。

サリ：……。
山下：ここをこうして、こうすると、送風になりますよ。

サリ：あ、はい。ありがとうございます。

【コピー機】

▶18　森田課長：サリさん、これ、両面コピーお願いします。
　　　サリ：　　はい。

　　　　　　　⋮

サリ：　　山下さん、すみません。コピーはどうやって、しますか。

山下： あ、コピー？ 簡単ですよ。これをこうして、こうします。

サリ： あ、ありがとうございます。

ユニット9　体調不良を伝える

🎧 聞きましょう

レベル1

[場面1]

🔊34 ナム： 斉藤さん、すみません。ちょっといいですか。
Namu: Saitō-san, sumimasen. Chotto ii desu ka.

斉藤： はい、どうぞ。
Saitō: Hai, dōzo.

ナム： あのう、実はきのうの晩から少し熱があります。
Namu: Anō, jitsu wa kinō no ban kara sukoshi netsu ga arimasu.

斉藤： え！ そうですか……。熱は何度ありますか。
Saitō: E! Sō desu ka…. Netsu wa nan-do arimasu ka.

ナム： 38度です。
Namu: 38-do desu.

斉藤： 高いですね。じゃ、きょうはうちへ帰りましょうか。
Saitō: Takai desu ne. Ja, kyō wa uchi e kaerimashō ka.

そして、うちで休んでください。
Soshite, uchi de yasunde kudasai.

ナム： いいですか。ありがとうございます。
Namu: Ii desu ka. Arigatō gozaimasu.

斉藤： 薬は飲みましたか。
Saitō: Kusuri wa nomimashita ka.

ナム： はい、わたしの国の薬を飲みました。
Namu: Hai, watashi no kuni no kusuri o nomimashita.

斉藤： あしたも熱が高いときは、連絡をください。
Saitō: Ashita mo netsu ga takai toki wa, renraku o kudasai.

ナム： はい、わかりました。じゃあ、お先に失礼します。
Namu: Hai, wakarimashita. Jā, osaki ni shitsurei-shimasu.

斉藤：お大事に。
Saitō: O-daiji ni.

[場面2]

🔊 35 ナム：斉藤さん、すみません。ちょっといいですか。
Namu: Saitō-san, sumimasen. Chotto ii desu ka.

斉藤：はい、どうぞ。
Saitō: Hai, dōzo.

ナム：あのう、さっき、やけどをしました。手が痛いです。
Namu: Anō, sakki, yakedo o shimashita. Te ga itai desu.

斉藤：え！ そうですか……。ちょっと見せてください。
Saitō: E! Sō desu ka.... Chotto misete kudasai.

　　　少し赤いですね。冷やしましたか。
　　　Sukoshi akai desu ne. Hiyashimashita ka.

ナム：はい。
Namu: Hai.

斉藤：もう少し冷やしましょう。それから薬をつけてください。
Saitō: Mō sukoshi hiyashimashō. Sorekara kusuri o tsukete kudasai.

ナム：はい、わかりました。ありがとうございます。
Namu: Hai, wakarimashita. Arigatō gozaimasu.

斉藤：ナムさん、やけどの理由は何ですか。
Saitō: Namu-san, yakedo no riyū wa nan desu ka.

　　　あとで、報告書をお願いします。
　　　Ato de, hōkokusho o onegai-shimasu.

ナム：はい、わかりました。
Namu: Hai, wakarimashita.

レベル2

[場面1]

🔊 36 ナム：斉藤さん、すみません。ちょっといいですか。
斉藤：はい、どうしましたか。
ナム：あのう、実はきのうの晩から、のどが痛くて……熱も少しあります。
斉藤：え！ 大丈夫ですか。熱はどのくらいありますか。
ナム：38度です。

斉藤：ちょっと高いですね。きょうは午後の打ち合わせには来なくてもいいですよ。早く帰ってうちで休んでください。薬は飲みましたか。

ナム：いいえ、まだです。薬がなくて……。

斉藤：そうですか。あしたの朝も熱が高かったら、連絡してください。

ナム：はい、ありがとうございます。じゃあ、お先に失礼します。

斉藤：お大事に。

［場面2］

🔊37 ナム：斉藤さん、すみません。ちょっといいですか。

斉藤：はい、どうしましたか。

ナム：あのう、作業のとき、手にやけどをしました。すぐ冷やしましたが、今も痛いです。

斉藤：え！ そうですか……。ちょっと見せてください。少し赤いですね。もう少し冷やしてから薬をつけるといいですよ。

ナム：はい。

斉藤：薬は救急箱にありますから、鈴木さんに聞いて、もらってください。

ナム：はい、わかりました。ありがとうございます。

斉藤：それから、やけどの理由をあとで報告書に書いてくださいね。

ナム：はい、わかりました。

ユニット10　遅刻の連絡をする

 聞きましょう

レベル1

▶19 山下：　　　はい、システムトーキョー、開発部開発課でございます。
Yamashita:　Hai,　Shisutemu-Tōkyō,　kaihatsu-bu kaihatsu-ka de gozaimasu.

サリ：　　　おはようございます。サリです。山下さんですか。
Sari:　　　Ohayō gozaimasu.　Sari desu.　Yamashita-san desu ka.

山下：　　　ああ、サリさん。おはようございます。
Yamashita:　Ā,　Sari-san.　Ohayō gozaimasu.

サリ：　　　あの、すみませんが、森田課長をお願いします。
Sari:　　　Ano,　sumimasen ga,　Morita-kachō o onegai-shimasu.

山下：　　　はい、少々お待ちください。
Yamashita:　Hai,　shōshō o-machi kudasai.

森田課長：お電話代わりました。森田です。
Morita-kachō: O-denwa kawarimashita.　Morita desu.

サリ：　　サリです。おはようございます。
Sari:　　　Sari desu.　　Ohayō gozaimasu.

森田課長：おはようございます。
Morita-kachō: Ohayō gozaimasu.

サリ：　　すみません。今、駅にいますが、電車の遅延で、
Sari:　　　Sumimasen.　　Ima, eki ni imasu ga,　densha no chien de,

10分ぐらい遅刻します。
10-pun gurai chikoku-shimasu.

森田課長：そうですか。わかりました。
Morita-kachō: Sō desu ka.　　Wakarimashita.

サリ：　　申し訳ありませんが、よろしくお願いします。失礼します。
Sari:　　　Mōshiwake arimasen ga,　yoroshiku onegai-shimasu.　Shitsurei-shimasu.

レベル2

▶20 山下：　　はい、システムトーキョー、開発部開発課でございます。
サリ：　　おはようございます。サリです。山下さんですか。
山下：　　ああ、サリさん。おはようございます。
サリ：　　あの、すみませんが、森田課長をお願いします。
山下：　　はい、少々お待ちください。
森田課長：お電話代わりました。森田です。
サリ：　　サリです。おはようございます。
森田課長：おはようございます。
サリ：　　すみません。今、駅にいますが、電車が遅れています。少し遅刻
　　　　　すると思います。たぶん9時10分ごろだと思います。
森田課長：そうですか。わかりました。
サリ：　　申し訳ありませんが、よろしくお願いします。失礼します。

解答例

ユニット1　標示の意味を調べる

 ウォーミングアップ

レベル1　レベル2

省略

 **調べるタスク1**

レベル1　レベル2

作業場：さぎょうば　事務所：じむしょ　倉庫：そうこ　＊意味については省略

 話し合いましょう

レベル1　レベル2

省略

 調べるタスク2

レベル1　レベル2

①さぎょうちゅう　②おうせつしつ　③きゅうけいしつ　④さゆうかくにん

⑤じゅうぎょういんようでいりぐち

＊意味については省略

 会話練習

レベル1

1.　1）①入口　②entrance　2）①出口　②exit

レベル2

1.　1）①禁煙　②きんえん　③たばこを吸ってはいけません

　　2）①駐車禁止　②ちゅうしゃきんし　③車を止めてはいけません

ユニット2　ルールやマナーの説明を聞く

ウォーミングアップ

レベル1　レベル2

〈解答例〉してはいけないことは何かに気をつけて、説明を聞きます。

　　　　　職場のルールに気をつけて、説明を聞きます。

聞くタスク1

レベル1

1. ロッカールームで　Rokkā-rūmu de

〈解答例〉ロッカールームで着替えます。／研修は9時からです。／8時55分まで
でに工場へ行きます。／時間厳守です。／9時から（工場で）朝礼をします。
それから作業をします。／荷物はロッカーです。／ロッカーにかぎ（を掛けます）。

2. 工場で　Kōjō de

〈解答例〉工場でたばこを吸いません。／たばこは喫煙所で吸います。／12時
に昼ごはんを食べます。／工場でケータイを見ません。／機械に触りません。／
工場では安全第一です。

3. 食堂で　Shokudō de

〈解答例〉機械で昼ごはんのチケットを買います。／食堂の人にチケットを見せ
ます。／たばこは喫煙所で吸います（食堂で吸いません）。

4. 工場で　Kōjō de

〈解答例〉5時に作業を終わります。／工具は壁です。／工場は整理整頓（し
ます）。／毎日日報を書きます。／あしたも9時から朝礼です。／休み、遅刻は
9時までに事務所に連絡します。

レベル2

1. ロッカールームで

〈解答例〉研修は9時からです。／ロッカールームで着替えてから、8時55分ま
でに工場へ行きます。／時間厳守です。／毎朝、朝礼をしてから、作業をし

ます。／ケータイやお金はロッカーに入れます。／ロッカーのかぎを忘れません。

2. 工場で
〈解答例〉工場では禁煙ですから、たばこは吸いません。／たばこは喫煙所で吸います。／工場ではケータイ禁止です。（工場ではケータイを見ません。）／大きい機械に触りません。／（機械の）操作のしかたを（鈴木さんが）教えますが、（ナムさんも自分で）マニュアルをよく見ます。

3. 食堂で
〈解答例〉機械で昼ごはんのチケットを買います。／食堂の人にチケットを出します。／ナムさんも弁当を持って来て食べても大丈夫です。／待っている人がいなかったら、食堂で日本語を勉強してもいいです。／昼休みは（午後）1時までです。1時までに工場へ行きます。

4. 工場で
〈解答例〉5時に作業を終わります。／工具は壁に掛けてから帰ります。／工場では整理整頓が大切です。／事務所で日報を書いてから帰ります。／日本語で日報を書きます。／あしたも9時から朝礼です。／遅れません。／休み、遅刻は9時までに事務所に電話（連絡）します。

 **聞くタスク2**

レベル1

1. ①○ ②× ③×　　2. ①× ②× ③×
3. ①× ②○ ③○　　4. ①× ②○ ③○

レベル2

1. ①8時55分　②厳守　③ロッカー　④かぎ
2. ①吸わない　②（工場の外の）喫煙所　③ケータイ　④触らない　⑤第一
3. ①〈解答例〉機械で食べたい料理のチケットを買って、食堂の人に出します／
　　　　　　出したらいいです／出したら食べることができます。
　②〈解答例〉はい、（待っている人がいなかったら）してもいいです。
4. ①壁に掛けて　②整理整頓　③日報　④遅れない　⑤事務所　⑥9

 **会話練習**

レベル1

1. 1) ① 食堂 shokudō ／しょくどう shokudō ② ごはんを食べます gohan o tabemasu
   2) ① 会議室 kaigishitsu ／かいぎしつ kaigishitsu ② 会議をします kaigi o shimasu
2. 1) ① 会議をします kaigi o shimasu ② 会議室 kaigishitsu ① します shimasu
   2) ① 朝礼をします chōrei o shimasu ② 工場 kōjō ① します shimasu

レベル2

1. 1) コピーします／コピーして
   2) この作業をします／（作業を）して
   3) 機械を操作します／（機械を操作）して
2. 1) ① 日報を書いて ② 事務所 ① 書いて
   2) ① 不良品を管理して ② 隣の倉庫 ① 管理して
   3) ① 仕様書をコピーして ② 事務所 ① コピーして

ユニット3　災害時のアナウンスを聞く

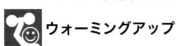 **ウォーミングアップ**

レベル1　レベル2

1. ① 地震 jishin ② 津波 tsunami ③ 台風 taifū
   ④ 火事 kaji ⑤ 大雨 ōame ⑥ 洪水 kōzui
2. ① 机の下に入ります Tsukue no shita ni hairimasu
   ② 鼻と口をタオルで押さえます Hana to kuchi o taoru de osaemasu
   ③ 雨戸を閉めます Amado o shimemasu

 **聞くタスク1**

レベル1　レベル2

① d ② b ③ a

聞くタスク2

レベル1

1．①f　②d　③a

2．①b　②d　③c

レベル2

1．1）台風　2）火事

2．1）①早くうちへ帰ら　②機械の電源　③看板や木など
　　2）①非常口　②階段　③鼻と口　④歩いて

3．1）地震　2）津波

4．1）①余震　②火
　　2）①津波　②遠い　③高い

会話練習

レベル1

1．1）①地震 Jishin　② 机 の下に入り Tsukue no shita ni hairi
　　2）①火事 Kaji　②階段で外へ行き Kaidan de soto e iki
　　3）①火事 Kaji　②鼻と口をタオルで押さえ Hana to kuchi o taoru de osae
　　4）①台風 Taifū　②雨戸を閉め Amado o shime
　　5）①洪水 Kōzui　②高い 所 へ行き Takai tokoro e iki

レベル2

1．1）階段を使って、外へ行って　2）近くの人に火事を教えて

2．1）海や川に近寄らないで　2）火を使わないで

3．1）①歩いて帰る　②木や大きい物に気をつけて
　　2）①午前の仕事が終わった　②すぐ帰って

ユニット4　工場見学の説明を聞く

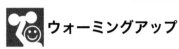 ウォーミングアップ

レベル1　レベル2

1. 省略
2. 〈解答例〉生産台数などの大切な数字に気をつけて、説明を聞きます。
　　　　　　自分の業務との関係を考えながら、説明を聞きます。

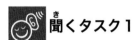 聞くタスク1

レベル1　レベル2

省略

 聞くタスク2

レベル1

①240,000　②2,600　③ロボット robotto　④人 hito　⑤ロボット robotto

⑥ロボットと人 robotto to hito　⑦人 hito　⑧3,000　⑨人 hito　⑩700　⑪1,000

レベル2

①240,000　②2,600　③強くて軽い　④丈夫な　⑤12　⑥ロボット　⑦人

⑧ロボット　⑨ロボットと人　⑩人　⑪3,000　⑫人　⑬運転　⑭700　⑮1,000

 会話練習

レベル1

1. 1) ①品質チェックの見学 Hinshitsu-chekku no kengaku

　　　 ②おもしろかったです Omoshirokatta desu

　　　 ③人が作業しました Hito ga sagyō-shimashita

　 2) ①組立 Kumitate

　　　 ②作業が細かかったです Sagyō ga komakakatta desu

　　　 ③人が作業しました Hito ga sagyō-shimashita

レベル2

1. 1) ①1か月　②2万台　③すごいです
　　2) ①1時間　②60台　③速いです
2. 1) ①溶接しています　②ロボット　①（溶接）しています
　　2) ①塗装しています　②人　①（塗装）しています
　　3) ①検査しています　②人　①（検査）しています

ユニット5　予定や指示を聞く

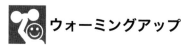 ウォーミングアップ

レベル1　レベル2

1. 省略
2. 〈解答例〉1日の予定について話しました。ほかの人の予定も聞きました。

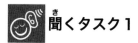 聞くタスク1

レベル1

1. 森田課長　Morita-kachō
　〈解答例〉9時半から山下さんと打ち合わせをします。それからプロジェクト計画を書きます。午後は4時から5時まで、営業課と打ち合わせをします。
2. 山下さん　Yamashita-san
　〈解答例〉午前は外出をします。横浜機械で打ち合わせです。1時に帰ります。午後はコスト計画を書きます。
3. サリさん　Sari-san
　〈解答例〉きのう工程表を書きました。きょうも工程表を書きます。3時に課長にメールで送ります。それから、やり直します。あした、もう一度送ります。

レベル2

1. 森田課長
　〈解答例〉9時半から山下さんと打ち合わせがあります。それからプロジェクト計画を作ります。午後は4時から1時間ぐらい営業課と打ち合わせがあります。

2. 山下さん

〈解答例〉午前の課長との打ち合わせが終わってから、外出します。横浜機械で打ち合わせです。1時ごろに帰ります。午後はコスト計画を作ります。

3. サリさん

〈解答例〉きのう工程表を作りました。きょうも工程表を作ります。3時までに課長にメールで送ります。問題がある所はやり直して、あした出します。

 聞くタスク2

レベル1

1. ①○　②×　③○

2. ①○　②×　③○

3. ①書きました kakimashita　②書きます kakimasu
　③送ります okurimasu　④やり直します yarinaoshimasu
　⑤（工程表を課長にメールで）送ります (kōtei-hyō o kachō ni mēru de) okurimasu

レベル2

1. ①×　②○　③○

2. ①○　②×　③○

3. 〈解答例〉きのうまでの工程表を課長に見せます。／工程表を作ります。／3時までに工程表を課長にメールで送ります。

会話練習

レベル1

1. 1）①10時半から12時まで 10-ji han kara 12-ji made
　②会議資料を準備します kaigi-shiryō o junbi-shimasu
　③1時 1-ji
　2）①9時半から10時半まで 9-ji han kara 10-ji han made
　②出張の報告書を書きます shutchō no hōkokusho o kakimasu
　③11時半 11-ji han

解答例　ユニット6　31

【レベル2】

1．1）①報告書　②あしたの打ち合わせ
　　2）①見積書　②今週の金曜日
2．1）①東京出張　②来週の水曜日
　　2）①来月の会議　②3月5日

ユニット6　予定を共有する

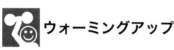ウォーミングアップ

【レベル1】【レベル2】

〈解答例〉自分の予定を教えたり、上司や同僚の予定を教えてもらったりしなければなりませんから、朝礼をします。

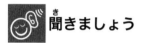聞きましょう

【レベル1】

1．①横浜機械　Yokohama-kikai　②1時　1-ji　③コスト計画　kosuto-keikaku
2．①工程表　kōtei-hyō　②3時　3-ji　③メール　mēru　④それから　Sorekara

【レベル2】

1．①横浜機械　②1時ごろ
2．①工程表　②3時　③メール　④問題

話すタスク

【レベル1】【レベル2】

省略

会話練習

【レベル1】

1．1）①9時半から10時半まで　9-ji han kara 10-ji han made
　　　②工場でメンテナンスをします　kōjō de mentenansu o shimasu

③ 11時半　11-ji han

2）①10時から11時半まで　10-ji kara 11-ji han made

　②本社で会議をします　honsha de kaigi o shimasu

　③1時　1-ji

レベル2

1. 1）① 朝礼が終わって　② 出張に持って行く書類を準備します

　2）①きのうの会議の報告書を書いて

　　②来週の出張について打ち合わせします

ユニット7　予定を確認する

 ウォーミングアップ

レベル1　レベル2

省略

 話すタスク1

レベル1

1. 〈解答例〉

①あのう、すみません。斉藤さんですか。／あのう、すみません。どなたですか。／

すみません。さい……？　もう一度お願いします。

②あのう、すみません。来週の月曜日ですか。／あのう、すみません。来週の

何曜日ですか。／すみません。来週の……？　もう一度お願いします。

③あのう、すみません。2月からですか。／あのう、すみません。いつからですか。／

すみません。実習は……？　もう一度お願いします。

④あのう、すみません。10時からですか。／あのう、すみません。何時からします

か。／すみません。月曜日の……？　もう一度お願いします。

⑤あのう、すみません。名古屋工場ですか。／あのう、すみません。どこで実習

をしますか。／すみません。なご……？　もう一度お願いします。

2. ①（担当者は）斉藤さんですね。わかりました。

　②（会議は来週の）月曜日ですね。わかりました。

③（東京の実習は）2月からですね。わかりました。
④（会議は月曜日の）10時からですね。わかりました。
⑤名古屋工場で（エンジンの製造の実習）ですね。わかりました。

レベル2

1.〈解答例〉

①あのう、すみません。名前をもう一度お願いします。／あのう、すみません。
　（担当者は）斉藤さんですか。

②あのう、すみません。曜日をもう一度お願いします。／あのう、すみません。
　（会議は来週の）月曜日ですか。

③あのう、すみません。月をもう一度お願いします。／あのう、すみません。
　（東京の実習は）2月からですか。

④あのう、すみません。時間をもう一度お願いします。／あのう、すみません。
　（会議は月曜日の）10時からですか。

⑤あのう、すみません。場所をもう一度お願いします。／あのう、すみません。
　名古屋工場で（エンジンの製造の実習）ですか。

2.①（担当者は）斉藤さんですね。わかりました。
　②（会議は来週の）月曜日ですね。わかりました。
　③（東京の実習は）2月からですね。わかりました。
　④（会議は月曜日の）10時からですね。わかりました。
　⑤名古屋工場で（エンジンの製造の実習）ですね。わかりました。

 話すタスク2

レベル1 レベル2

1.①× ②× ③○ ④○ ⑤× ⑥× ⑦○

2.①すみません。9月から10月の指導員はどなたですか。　ちょっと漢字が……。
　　Sumimasen.　9-gatsu kara 10-gatsu no shidōin wa donata desu ka. Chotto kanji ga....

②すみません。11月から3月は何の実習ですか。　ちょっと印刷が……。
　　Sumimasen.　11-gatsu kara 3-gatsu wa nan no jisshū desu ka. Chotto insatsu ga....

③すみません。11月から3月の東京の宿舎はどこですか。
　　Sumimasen.　11-gatsu kara 3-gatsu no Tokyō no shukusha wa doko desu ka.

ちょっと印刷が……。
Chotto insatsu ga....

会話練習
（かいわれんしゅう）

レベル1

1. 1)①指導員は斉藤さんです Shidōin wa Saitō-san desu　②どなた Donata
　　①斉藤さん Saitō-san

　2)①ナムさんのロッカーは18番です Namu-san no rokkā wa 18-ban desu
　　②何番 Nan-ban　①18番 18-ban

レベル2

1. 1)①質問して　②研修報告　③英語で話すことができます
　2)①確認して　②午後の打ち合わせ　③どこでします

ユニット8　使い方について質問する

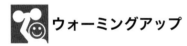
ウォーミングアップ

レベル1　レベル2

1. 〈解答例〉【エアコン】どうやってエアコンを冷房から送風に変えますか。
　　　　　　　　　　　　　変え方がわかりません。
　　　　　　　【コピー機】両面コピーのやり方がわかりません。
2. 〈解答例〉【エアコン】もう一度聞きます。
　　　　　　　【コピー機】欲しい情報を教えてもらえる聞き方をします。

話すタスク1
（はな）

レベル1

1. ①両面コピー Ryōmen-kopii　②します shimasu
2. ①日本語入力 Nihon-go-nyūryoku　②します shimasu
3. ①プロジェクター Purojekutā　②つけます tsukemasu

レベル2

1. ① 両面コピー　②します／して
2. ① 日本語入力　②します／して
3. ① プロジェクター　②つけます／つけて

話すタスク2

レベル1　レベル2

1. ① 両面コピー　Ryōmen-kopii　②します　shimasu
   ③ 白黒　Shiro-kuro　④ カラーコピーがしたい　Karā-kopii ga shitai
2. ① エアコン　Eakon　②つけます　tsukemasu
   ③ 送風　Sōfū　④冷房にしたい　Reibō ni shitai
3. ① 入力　Nyūryoku　②します　shimasu
   ③ 英語　Eigo　④日本語入力にしたい　Nihon-go-nyūryoku ni shitai

話すタスク3

レベル1　レベル2

1. ① 週報のファイル　Shūhō no fairu　②デスクトップ上の　desuku-toppujō no
2. ① コピー用紙　Kopii-yōshi　②箱の中の　hako no naka no
3. ① プリンターのトナー　Purintā no tonā　②キャビネットの中の　kyabinetto no naka no

会話練習

レベル1

1. 1) ① ファックス　Fakkusu　②ファックスし　fakkusu-shi
   2) ① この機械　Kono kikai　②やり　yari

レベル2

1. 1) カラーコピーのしかた
   2) コピーのサイズの変え方
   3) 週報の書き方
2. 1) ① カラー　②これに触る　① カラー

2）①両面　②そこを押す　①両面

ユニット9　体調不良を伝える

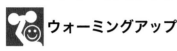ウォーミングアップ

レベル1　レベル2

1．①頭 Atama　②おなか Onaka　③のど Nodo　④気分 Kibun

　　⑤やけど Yakedo　⑥けが Kega　⑦かぜ Kaze　⑧熱 Netsu　⑨せき Seki

2．省略

聞きましょう

レベル1

[場面1] 1．熱 netsu　2．①○　②○　③×
[場面2] 1．やけど yakedo／手 te　2．①○　②○　③×

レベル2

[場面1] 1．のど／熱　2．①×　②○　③×
[場面2] 1．やけど　2．①×　②×　③○

話すタスク

レベル1

1．〈解答例〉
　　①斉藤さん、すみません。ちょっといいですか。
　　②a．あのう、実はきのうの晩から熱があります。
　　　b．あのう、実はけさから気分が悪いです。
　　　c．あのう、実はけさから頭が痛いです。
　　　d．あのう、実はきのうからおなかが痛いです。
　　　e．あのう、実はけさからせきが出ます。
　　　f．あのう、実は先週からのどが痛いです。
2．〈解答例〉
　　①斉藤さん、すみません。ちょっといいですか。

②a．あのう、さっき、やけどをしました。手が痛いです。

b．あのう、さっき、けがをしました。足が痛いです。

c．あのう、けさ、重い荷物を運びました。腰が痛いです。

d．あのう、さっき、はさみで指を切りました。指が痛いです。

レベル2

1．〈解答例〉

①斉藤さん、すみません。ちょっといいですか。

②a．あのう、実はきのうの晩からのどが痛くて……熱もあります。

b．あのう、実はけさから頭が痛くて……せきも出ます。

c．あのう、実はきのうからおなかが痛くて……熱もあります。

d．あのう、実はけさから気分が悪くて……頭も痛いです。

2．〈解答例〉

①斉藤さん、すみません。ちょっといいですか。

②a．あのう、作業のとき、手にやけどをしました。今も痛いです。

b．あのう、溶接作業のとき、のどが痛くなりました。今も痛いです。

c．あのう、製品を運ぶとき、足にけがをしました。今も痛いです。

d．あのう、機械のメンテナンスをするとき、手にけがをしました。今も痛いです。

会話練習

レベル1

1）①早退します sōtai-shimasu　②熱があります Netsu ga arimasu

①早退します sōtai-shimasu

2）①早く帰ります hayaku kaerimasu　②今から病院へ行きます Ima kara byōin e ikimasu

①早く帰ります hayaku kaerimasu

3）①あした休みます ashita yasumimasu　②けがをしました Kega o shimashita

①休みます yasumimasu

レベル2

1．1）手にやけどをしました

2）きのうから足が痛いです

3）きのうから熱があります

2．1）①これから病院へ行って　②午後の会議に出なくて

　　2）①少し休んで　②もうきょうはうちへ帰って

ユニット10　遅刻の連絡をする

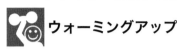 ウォーミングアップ

レベル1　レベル2

1．〈解答例〉研修担当者／指導員／上司
2．〈解答例〉電話／メール／LINEで連絡します。
3．省略

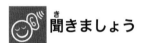 聞きましょう

レベル1

①サリさん Sari-san　②電車 densha　③10分 10-pun

レベル2

①○　②×　③○

 話すタスク

レベル1

〈解答例〉サリです。おはようございます。

a．これから電車に乗りますが、電車の遅延で、10分ぐらい遅刻します。
b．今、駅にいますが、（電車の）事故で、10分ぐらい遅刻します。
c．今、バス停にいますが、渋滞で、20分ぐらい遅刻します。
d．今、アパートにいますが、自転車のパンクで、10分ぐらい遅刻します。

レベル2

〈解答例〉

①はい、システムトーキョー、開発部開発課でございます。

②おはようございます。サリです。森田課長をお願いします。

③お電話代わりました。森田です。

④サリです。おはようございます。すみません。

    a．これから電車に乗りますが、電車が遅延しています。少し遅刻すると思います。

      たぶん9時15分ごろだと思います。

    b．今、駅にいますが、（電車の）事故がありました。かなり遅刻すると思います。

      たぶん9時30分ごろだと思います。

    c．今、バス停にいますが、渋滞しています。少し遅刻すると思います。

      たぶん9時15分ごろだと思います。

    d．今、アパートにいますが、自転車がパンクしています。少し遅刻すると思います。

      たぶん9時15分ごろだと思います。

 会話練習

レベル1

1．1）①バスが来ません basu ga kimasen　②きょうは kyō wa

   2）①電車が止まりました densha ga tomarimashita　②たぶん tabun

レベル2

1．1）電車が止まりました

   2）バスが来ません

   3）きょうはかなり渋滞しています